Musei del mondo

Il Kunsthistorisches Museum di Vienna

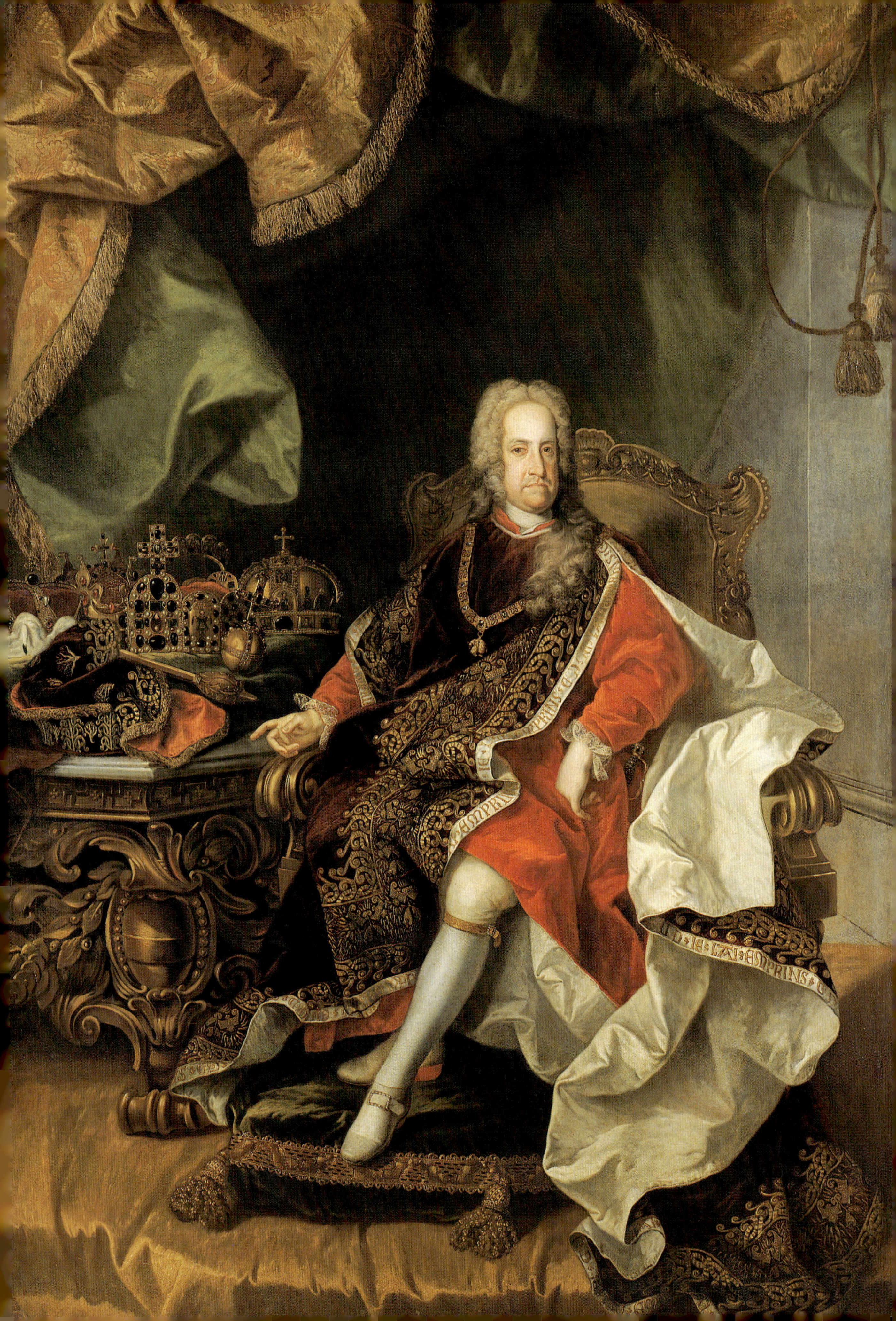

Musei del mondo

Il Kunsthistorisches Museum di Vienna

Il tesoro imperiale

Manfred Leithe-Jasper
e Rudolf Distelberger

C.H. Beck/Scala Books

FRONTESPIZIO
L'imperatore Carlo VI (1685-1743)
nel paramento del Toson d'Oro
attribuito a Johann Gottfried Auerbach (1697-1743)
Vienna, 1730 circa.
Olio su tela;
29 x 196 cm
(n. inv. GG 2140)
L'imperatore indica la tavola che reca le insegne del proprio titolo, la corona arciducale austriaca, la corona di Venceslao di Boemia, la corona imperiale e la corona ungherese di Santo Stefano.

Immagine di copertina (fronte):
Corona dell'imperatore Rodolfo II
(vedi pag. 14)

Immagine di copertina (retro):
Corona imperiale, dettaglio;
Placca di smalto rappresentante il Re David
(vedi pag. 48)

Fotografie: Kunsthistorisches Museum di Vienna
Layout: Sara Robin, Londra
Edito da: Verlag C.H. Beck, Monaco
e Scala Books, Londra

Traduzione italiana a cura di Federico Canè

Prima pubblicazione 1998,
Scala Books
143/149 Great Portland Street
Londra W1N 5FB

Venduto nell'edizione tedesca in Germania, Austria
e Svizzera da: Verlag C.H.Beck, Monaco

ISBN 3 406 42940 8

Stampato in Italia da Giunti Industrie Grafiche

Sommario

Introduzione

Il tesoro imperiale del Kunsthistorisches Museum di Vienna è stato giustamente definito culla delle collezioni imperiali in quanto discende dal tesoro medievale della famiglia degli Asburgo. Anche se abbiamo solo una conoscenza incompleta sul tesoro posseduto dai vari membri di tale famiglia, alcune fonti ci informano su ciò che esso contenne e fra gli oggetti che ancora oggi conserva il Kunsthistorisches Museum ve ne sono di risalenti agli inizi del XV secolo.

Anche precedentemente si era cercato di conservare il tesoro di famiglia in unico luogo, per tramandarlo intatto alle generazioni successive. Tuttavia, fu proprio durante il Medio Evo che esso cambiò maggiormente. Dapprima il tesoro sacro doveva esser stato ricco di preziose reliquie. Oltre a queste, esso conteneva le insegne, una collezione di gioielli per funzioni non religiose e sontuosi oggetti da tavola in metalli preziosi. C'erano anche argento e oro, coniati in monete e non, nonché alcuni documenti: soprattutto atti di proprietà e titoli legali di potere mondano. La grande collezione di sante reliquie aveva lo scopo di costituire quasi un'investitura ecclesiastica o "divina", fungendo da garanzia. In quell'epoca il tesoro di un principe era la sua fortuna privata facilmente trasportabile. Egli poteva usarlo sia per ostentare il proprio potere di principe, sia per elargire doni che mostrassero la principesca generosità. Non solo, ma all'occorrenza il tesoro poteva anche essere velocemente convertito in danaro.

Sembra che a Vienna il tesoro e gli archivi venissero conservati dapprima separatamente, ma più tardi essi furono organizzati sistematicamente. Nel 1364 viene per la prima volta menzionato il tesoro della famiglia. Nelle intenzioni esso doveva essere amministrato secondo il principio di anzianità e non era possibile disporne. Questa fu l'idea che gli imperatori Rodolfo II e Mattia cercarono di portare avanti.

Tuttavia, dal 1440 in avanti, si sentono spesso voci secondo le quali il tesoro sarebbe stato dato in pegno, ma anche da nuove corone ducali e reali. La corona imperiale privata di Federico III, che egli portò con sé a Roma nel 1452, doveva essere veramente meravigliosa. Ciononostante, egli fu incoronato imperatore con la corona regale che gli venne inviata da Norimberga.

Anche se Federico III riscattò successivamente i gioielli dati in pegno, suo figlio Massimiliano I, che dovette combattere per l'eredità di Borgogna e si trovò in costante bisogno di denaro, fu spesso costretto a impegnare nuovamente una parte del tesoro di Borgogna. Un tempo il valore di tale tesoro era stato inestimabile, tuttavia egli aveva ereditato solo quello che era rimasto dopo la morte di Carlo il Temerario. Alcuni oggetti furono riannessi solo successivamente al tesoro degli Asburgo, come ad esempio il calice di corte di Filippo il Buono e la spada di "Ainkhürn" (unicorno).

Abbiamo poche informazioni sul tesoro posseduto dall'imperatore Ferdinando I. Comunque pare corretta l'ipotesi che sia stato quest'ultimo a portare a Vienna i princìpi sviluppatisi in Italia con l'inizio del Rinascimento. Essi ponevano l'accento non solo sulla funzione dinastica di una collezione, ma anche sul suo valore estetico. Ciò si può notare anche nell'uso indifferenziato che si fa, all'epoca di Ferdinando, delle parole "Schatzkammer" e "Kunstkammer" (tesoro o collezione d'arte), per riferirsi agli stessi oggetti.

Due pezzi del tesoro imperiale divennero di straordinaria importanza: la grande tazza di agata e l'"Ainkhürn" (l'unicorno). Il loro valore culturale era ritenuto così grande che, dopo la morte di Ferdinando I nel 1564, i suoi figli li dichiararono "inalienabili oggetti della casata d'Austria" e disposero che fossero custoditi dal più anziano della famiglia secondo il principio del seniorato. Alcuni di questi beni giunsero fino all'imperatore Rodolfo II che li portò con sé a Praga, eletta a propria residenza. Prima di ciò aveva fatto costruire una "galleria del tesoro" nel suo castello di Vienna.

Abbiamo informazioni su questa collezione d'arte dell'imperatore grazie all'inventario che fu fatto di essa, ma non abbiamo notizie riguardanti il suo tesoro, il cui oggetto più splendido doveva essere proprio la corona imperiale realizzata per lui nel 1602. L'imperatore Rodolfo, le cui collezioni furono in qualche misura sistematicamente organizzate, perseguì con la sua caratteristica caparbietà l'idea di una collezione comune d'arte e del tesoro per la casata d'Austria. Successivamente, l'imperatore Ferdinando II fece il passo decisivo in questa direzione con la cosiddetta "decretazione di primogenitura". Secondo essa i gioielli e i tesori di famiglia, presenti o futuri, avrebbero dovuto essere tramandati al primogenito di ogni generazione come "inalienabile proprietà della famiglia reggente" e non più come connessi "al territorio e al popolo".

L'imperatore Mattia aggiunse il globo e lo scettro alla corona imperiale di Rodolfo. Poco dopo la morte di Rodolfo II nel 1612, Mattia cominciò a portare a Vienna i pezzi più preziosi delle sue collezioni d'arte e di tesori, salvandoli così dal sacco svedese dell'anno 1648.

Si sono preservate le descrizioni dettagliate dei tesori imperiali solo a partire dall'epoca dell'imperatore Leopoldo I. Tali descrizioni ci aiutano a trarre conclusioni sul tesoro di Ferdinando III, anch'esso custodito a Vienna nella galleria del tesoro rudolfiniana e disposti di fronte alle finestre in tredici armadi dipinti in nero, decorati con aquile dorate recanti una corona col monogramma di Ferdinando III. Le porte degli armadi erano ornate con preziosi dipinti, probabilmente dotati di cornice. Erano messi in mostra congiuntamente oggetti correlati. Il tredicesimo armadio conteneva i tesori più preziosi fra i quali: la corona rudolfiniana della casata imperiale, il globo e lo scettro realizzati sotto Mattia, una copia della corona dell'Impero riccamente adorna di diamanti (indossata per la prima volta da Ferdinando III), le insegne di Boemia e la corona di Stefano Bocskai. Oltre a ciò c'erano altri preziosi tesori fra cui l'inestimabile smeraldo colombiano da 2680 carati che Dioniso Miseroni aveva tagliato a forma di vaso nel 1641. Sull'altro lato della galleria, vicino ai pilastri delle finestre, c'erano tavole lavorate con meravigliosi intagli e su di esse armadietti contenenti piccoli oggetti preziosi. Sull'ultima tavola giaceva un oggetto di straordinario valore: l'antica tazza di agata facente parte degli "inalienabili oggetti della casata d'Austria". A quell'epoca anche le chiavi delle tombe degli Asburgo erano già conservate nel tesoro. Secondo le descrizioni del XVII secolo, anche l'inventario, rivestito in velluto rosso, giaceva su una di queste tavole. Il fatto che esso sia andato perduto è particolarmente spiacevole, in quanto un altro inventario completo non fu redatto fino al 1750.

Innumerevoli busti ritratti e altri monumenti equestri da interno, attribuivano al barocco tesoro quel carattere di espressiva rappresentanza dinastica che aveva il compito di colpire i visitatori per la grandiosità e l'importanza della casata reggente. Il suo carattere di "Kunstkammer" rinascimentale era posto meno in evidenza.

Sappiamo poco del tesoro imperiale al tempo di Carlo VI. A quell'epoca oltre al tesoro secolare ce n'era un secondo, "il piccolo tesoro segreto", di cui abbiamo un inventario del 1731. Esso conteneva molti gioielli preziosi, forse parte di quelli poi venduti da Maria Teresa per finanziare la guerra di successione austriaca. Nell'inventario redatto nel 1750 dal custode del tesoro, Joseph Angelo de France, si nota la mancanza di gioielli con diamanti. D'altra parte in questo nuovo tesoro, approntato sotto Maria Teresa, ci sono numerosi oggetti che non erano annoverati fra quelli della galleria del tesoro di Ferdinando III e Leopoldo I. Per la prima volta troviamo numerose statuette decorative in bronzo, disposte sui tredici armadi e nelle mensole a muro. Sappiamo di alcune di esse grazie agli inventari della Kunstkammer degli imperatori Rodolfo II e Mattia. Sotto la direzione di Joseph Angelo de France il tesoro ritrovò il suo carattere di collezione d'arte. Ci fu uno spostamento di interesse con la creazione di una stanza dei gioielli. Dopo la morte del suo consorte Francesco Stefano di Lorena nel 1765, l'imperatrice dispose la propria preziosa collezione di diamanti e gioielli in questa stanza. La collezione conteneva il famoso diamante fiorentino.

Sotto il regno dell'imperatore Giuseppe II le amministrazioni del tesoro sacro e secolare furono separate. Il primo fu messo sotto il controllo del cappellano di corte assieme alle reliquie e ai paramenti (vestiti e ornamenti) delle singole cappelle di corte. I numerosi dipinti rimasti furono gradualmente aggiunti alla galleria d'arte imperiale.

Le turbolenze del periodo napoleonico furono causa di importanti cambiamenti nel tesoro. Nel 1794 gli oggetti preziosi appartenenti all'Ordine del Toson d'Oro furono trasferiti da Bruxelles a Vienna e depositati, dapprima provvisoriamente, nel tesoro. Nel 1796 i gioielli imperiali furono rimossi da Aquisgrana e Norimberga per metterle al riparo dalle truppe del generale Jourdan, ormai prossime. Essi furono dati in custodia al commissario imperiale Barone von Hügel a Regensburg. Su ordine dell'imperatore Francesco II, nel 1800 essi furono in fine depositati nel tesoro di Vienna. Francesco II con un decreto nominò nel 1804 le terre ereditarie d'Austria "Impero ereditario d'Austria" e fece delle insegne imperiali private, le insegne ufficiali del suo nuovo impero. Quindi il tesoro fu arricchito da una grandissima quantità di insegne, senza pari in Europa. Con l'abolizione del Sacro Romano Impero nel 1806 queste insegne persero il loro carattere ufficiale. Ciononostante, fu proprio quando esse erano diventate dei semplici oggetti che esse furono apprezzate per il loro effettivo valore storico.

Questa collezione di insegne ufficiali e storiche arrivò a dominare il tesoro, soffocando il carattere di collezione artistica che essa aveva assunto con l'insediamento di Maria Teresa. Si decise così di sbarazzarsi di alcune di esse. Dal tardo XVIII secolo in poi, gli oggetti d'arte antica e di antico soggetto incominciarono ad essere trasferiti al Gabinetto delle antichità e delle monete. Nel periodo napoleonico i più importanti oggetti della collezione ambrasiana furono condotti in salvo dal Tirolo a Vienna. Ad essa furono integrati poi quegli oggetti del tesoro di interesse "puramente artistico".

Dapprima, gli oggetti di più grande valore, tempestati di pietre preziose e metalli pregiati, rimasero nel tesoro. Pezzi di questo tipo furono addirittura aggiunti da simili dalla collezione ambrasiana. Ad ogni modo le collezioni imperiali continuarono ad essere divise secondo la nuova impostazione organizzativa. Nel 1871 ci fu una importante riorganizzazione delle collezioni imperiali, che fu conclusa con l'edificazione del Kunsthistorisches Museum. Tutti gli oggetti con carattere da Kunstkammer rimasti nel tesoro furono anch'essi installati in tale museo nel 1891. Da allora il tesoro secolare ha conservato solo quegli oggetti che esprimono, con il loro valore simbolico o materiale, l'importanza storica e il potere della casata imperiale, così come quegli oggetti che rievocano la memoria dei singoli membri della famiglia. Solo la collezione di gioielli con diamanti fu significativamente arricchita da parures (completi di gioielli, ornamenti e decorazioni) creati o rielaborati per l'imperatrice Elisabetta. Tuttavia nel 1898 la croce del giuramento e la Potence dell'Ordine del Toson d'Oro vennero ancora depositati in questo luogo, per essere salvaguardati. Venti anni più tardi il tesoro sofferse le sue più grosse perdite con l'infelice esito per l'Austria della Prima Guerra Mondiale.

Nel 1918 l'imperatore Carlo e la sua famiglia dovettero lasciare l'Austria e condussero con sé, in esilio, i gioielli privati. Il trattato di pace di Saint Germain consentì agli stati successori di rivendicare il possesso di alcuni oggetti della loro eredità culturale. Da allora il tesoro imperiale è divenuto un'altra collezione del Kunsthistorisches Museum. Nel 1938, su ordine di Hitler, le insegne e i gioielli del Sacro Romano Impero furono portati a Norimberga e la sala del tesoro fu chiusa. Gli oggetti sequestrati fecero ritorno a Vienna nel 1946; come gli altri oggetti preziosi del tesoro essi superarono indenni la Seconda Guerra Mondiale.

Nel 1954 la sala del tesoro poté finalmente riaprire i battenti. Ciò significava che per la prima volta dai tempi dell'imperatore Giuseppe II il tesoro sacro e quello secolare si ritrovavano riuniti in un medesimo luogo. L'esposizione di questi due tesori assieme riflette la natura duplice del potere e della posizione detenuti dal sovrano dell'Occidente Cristiano, così come fu fino all'epoca di Carlo VI. Ecco perché oggi non c'è praticamente altra collezione che il tesoro imperiale di Vienna, nel quale si possano vedere condensati più di mille anni di storia occidentale.

Il tesoro secolare

Le insegne della Professione di Vassallaggio austriaca

Gli inizi e le basi della sovranità della casata d'Austria furono il ducato e, più tardi, l'arciducato d'Austria, a comando del quale il re romano Rodolfo di Asburgo investì i suoi figli, Alberto e Rodolfo, dopo la vittoriosa battaglia contro re Ottocaro di Boemia nel 1278. Qui, come nelle altre terre ereditarie sotto il comando degli Asburgo, l'insediamento del nuovo sovrano non era accompagnato dalla sua incoronazione, come avvenne successivamente nei regni degli Asburgo sia di Boemia sia di Ungheria. L'insediamento avveniva con una cerimonia di Professione di Vassallaggio nella quale la dieta regionale, raccolta nel parlamento, giurava obbedienza al nuovo sovrano, mentre egli giurava di rispettare i diritti della dieta. Anche in questa cerimonia erano usate le insegne regali: la corona da Arciduca d'Austria, il globo e lo scettro. La corona era conservata nel monastero di Klosterneuburg, secondo il suo privilegio di fondazione del 1616, ed era a disposizione del sovrano soltanto per la cerimonia di Professione di Vassallaggio. I membri della dieta erano investiti da "incarichi ereditari", risalenti agli antichi incarichi promulgati dalla corte. Anch'essi avevano le proprie insegne ed erano ereditari nelle famiglie più in vista del paese.

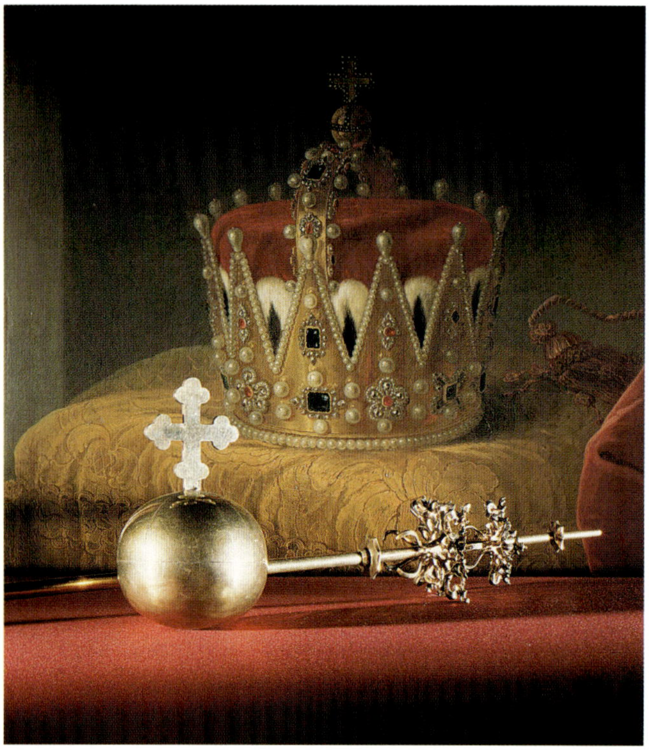

Globo imperiale e lo scettro appartenenti alle insegne della Professione di Vassallaggio
Praga, seconda metà del XIV secolo.
Argento dorato;
Globo: altezza, 16 cm
Scettro: lunghezza, 79,6 cm
(n. inv. XIV 44, XIV 43)

Come mostra il ritratto dell'imperatore Mattia come re di Boemia (vedi pag. 39), entrambi questi simboli del potere appartennero alle insegne del re di Boemia fino all'inizio del XVII secolo. L'immagine sullo sfondo mostra la corona arciducale, realizzata per Giuseppe II in occasione del suo ingresso a Francoforte per l'incoronazione a re nel 1764 (vedi pag. 40).

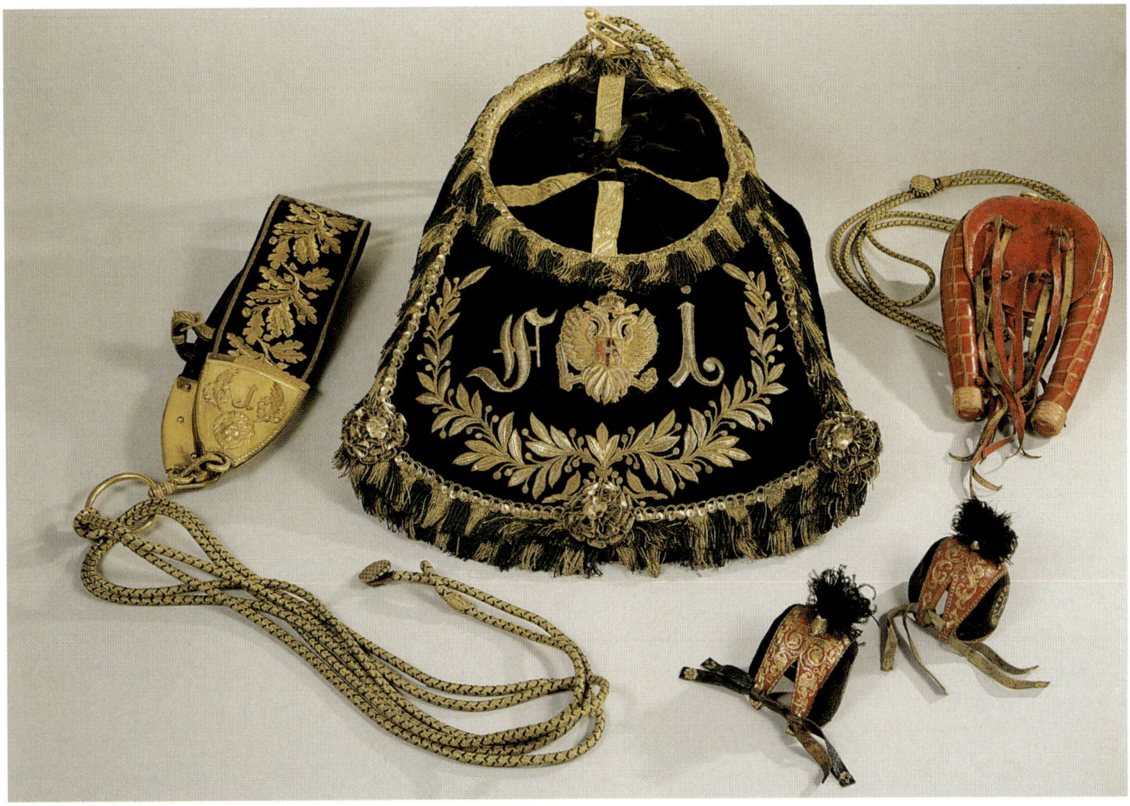

Collare da segugio, borsa da falconiere, richiamo (due uccelli finti) e due cappucci per falconi
Vienna, 1835 (?).
Pelle rossa e verde, velluto verde ricamato in oro, argento dorato, penne;
(n. inv. XIV 40, XIV 36, XIV 39, XIV 37, XIV 38)

I cinque oggetti erano le insegne del Gran Maestro delle Cacce dei domini ereditari e del Gran Maestro Falconiere dei domini ereditari alla Professione di Vassallaggio della bassa Austria nel 1835 e delle tenute della contea principesca del Tirolo nel 1835 o nel 1838.

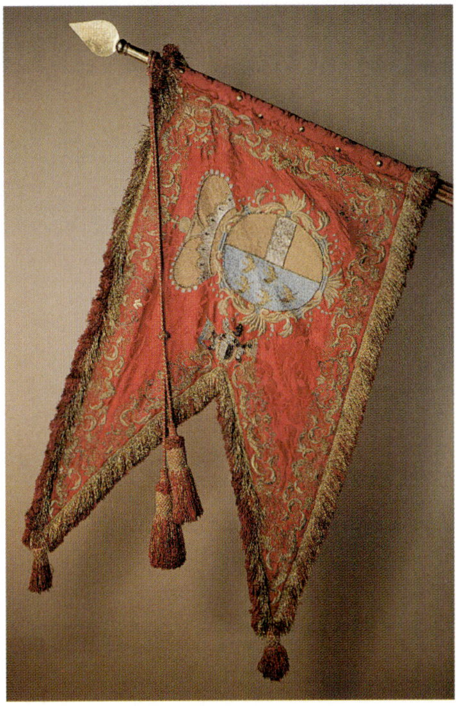

Gonfalone ereditario d'Austria
Austria, 1705.
Seta, oro, argento, legno;
Asta lunga 248 cm
(n. inv. XIV 34)

Il gonfalone ereditario apparteneva all'insegna arciducale di Austria al di sopra e al di sotto dell'Enns. Le armi delle due provincie adornano i due lati della bandiera. Era un antico privilegio dell'arciduca che il gonfalone lo precedesse nel suo passaggio.

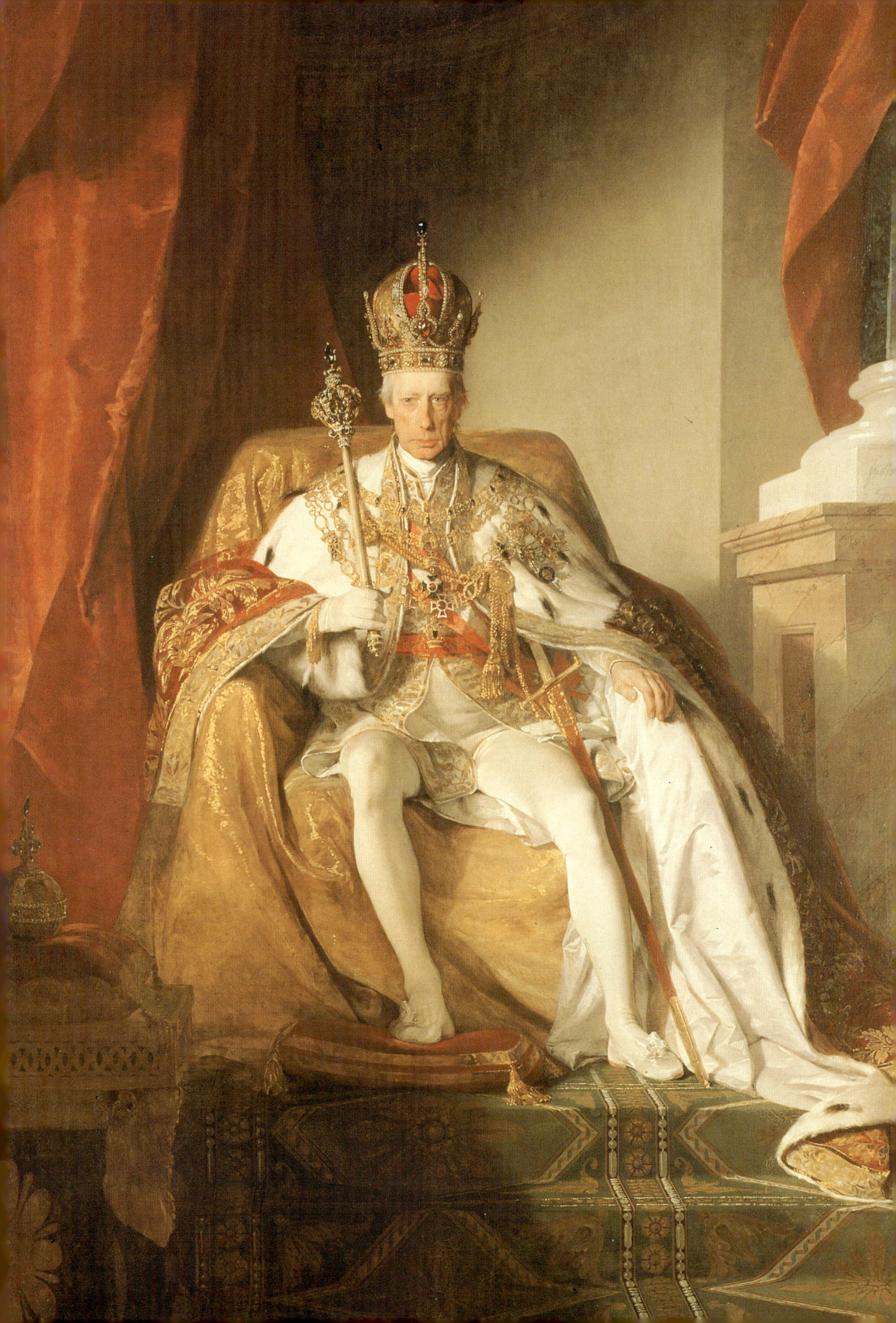

L'Impero d'Austria

L'impero ereditario d'Austria fu fondato l'11 agosto 1804, in risposta all'autoproclamazione di Napoleone a imperatore dei Francesi e alla dissoluzione del Sacro Romano Impero risultata dalle sue vittorie. Il nuovo impero austriaco copriva tutte le terre possedute dagli Asburgo a quell'epoca, cioè le terre ereditarie d'Austria, nonché i regni di Ungheria e di Boemia. Quando un nuovo ordine europeo fu stabilito al Congresso di Vienna dopo la caduta di Napoleone, le provincie italiane unite furono assegnate all'Austria per diventare il regno Lombardo-Veneto. Tale regno divenne parte dell'impero austriaco. Ciò fece nascere la duplice monarchia imperiale e reale di Austria-Ungheria, unita nella persona del sovrano degli Asburgo.

Nel 1804 la corona dell'imperatore Rodolfo II, la cosiddetta corona della casata imperiale, divenne l'insegna ufficiale del nuovo stato imperiale. Dopo la fondazione della duplice monarchia di Austria-Ungheria questa corona rimase il simbolo della parte dell'impero austriaco, mentre la corona di Santo Stefano, conservata a Budapest, divenne l'insegna ufficiale del regno di Ungheria.

Il nuovo Impero rilevò anche gli ultimi Ordini di Merito fondati dall'imperatrice Maria Teresa, i quali durarono fino alla fine della monarchia nel 1918.

A FIANCO
Imperatore Francesco I d'Austria (1768-1835) nel paramento imperiale austriaco
Friedrich von Amerling (1803-1887), Vienna, 1832.
Olio su tela;
260 x 164 cm
(n. inv. GG 8618)

Francesco I indossa la corona di Rodolfo II e lo scettro del 1615 che va con essa. Egli porta i collari dei quattro ordini dinastici austriaci, di cui l'imperatore era Gran Maestro: l'ordine del Toson d'Oro, l'Ordine di Santo Stefano, l'Ordine di Leopoldo e l'ordine della Corona di Ferro. Il globo imperiale giace su un cuscino sulla sinistra.

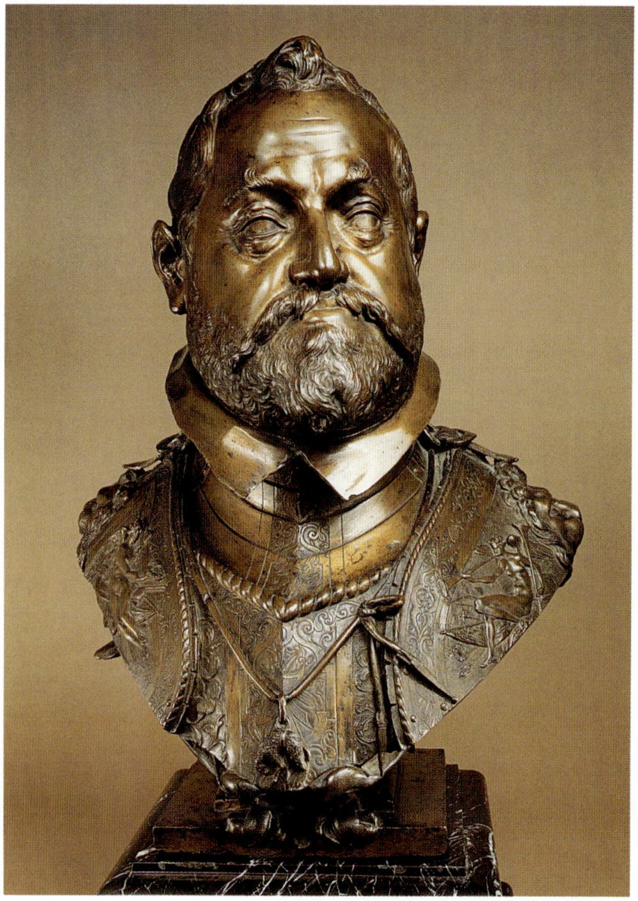

Busto dell'imperatore Rodolfo II (1552-1612)
Adriaen de Vries (c. 1545-1626) Praga, 1607.
Bronzo, patina rosso-bruna.
Altezza 54,5 cm
(n. inv. KK 5491)

Rodolfo indossa il Toson d'Oro su un nastro. Sulle sue spallette si scorgono le figure allegoriche della Vittoria e della Fama. Il busto è firmato e datato sul retro del plinto.

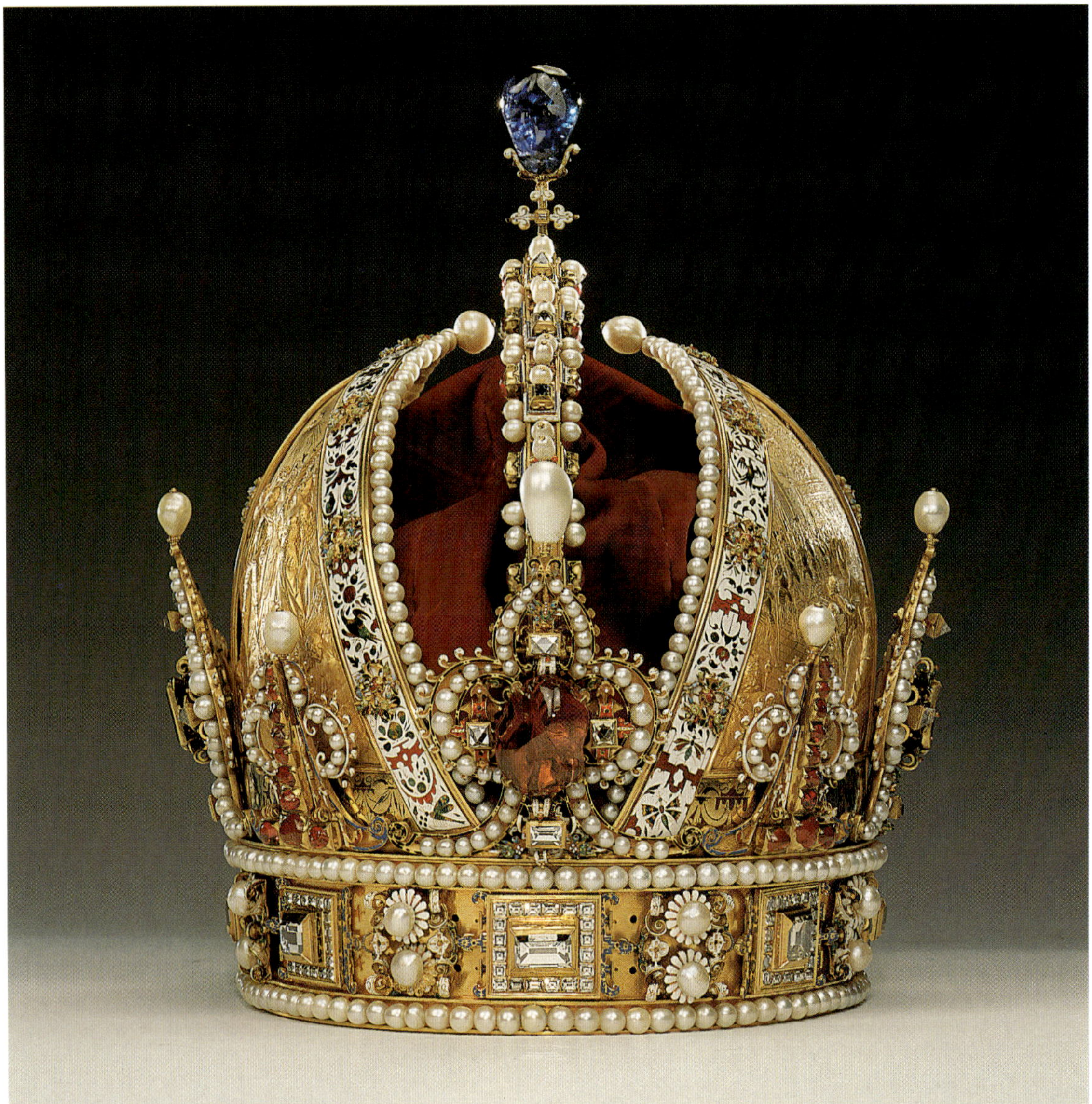

Corona dell'imperatore Rodolfo II (dal 1804, corona dell'Impero d'Austria)
Dettaglio: giglio frontale
Jan Vermeyen (prima del 1559-1608), Praga, 1602.
Oro, smalto, diamanti, rubini, zaffiro, perle, velluto rosso;
Altezza 28,3 cm
(n. inv. XIa 1)

Nel 1424 l'imperatore Sigismondo consentì che l'anziana corona regale fosse conservata 'per sempre' a Norimberga da dove veniva portata per ogni incoronazione. L'imperatore aveva anche una corona privata definita corona a mitra. Essa è costituita dal cerchio vero e proprio, con i rialzi gigliati, dall'archetto rialzato imperiale dalla fronte alla nuca e la mitra che simboleggia l'alta grazia sacerdotale di Dio. Jan Vermeyen riuscì a conglobare questi tre elementi in armoniche proporzioni e li pose in risalto usando preziosi gioielli, ognuno dei quali conserva il significato che aveva nella antica corona imperiale. I diamanti sul cerchio della corona simboleggiano Cristo, il garante del potere del re. Il numero 8, nel quale il cielo e la terra si uniscono, rappresenta l'imperatore. Con il loro rosso Pentecoste, i rubini nelle decorazioni gigliate simboleggiano la saggezza del re. Lo zaffiro blu posto sopra la croce simboleggia il paradiso, meta del buon re e di tutti i credenti. La mitra, realizzata in stoffa in principio, non è ornata di gemme. Le perle sono come luci che ne sottolineano le forme.

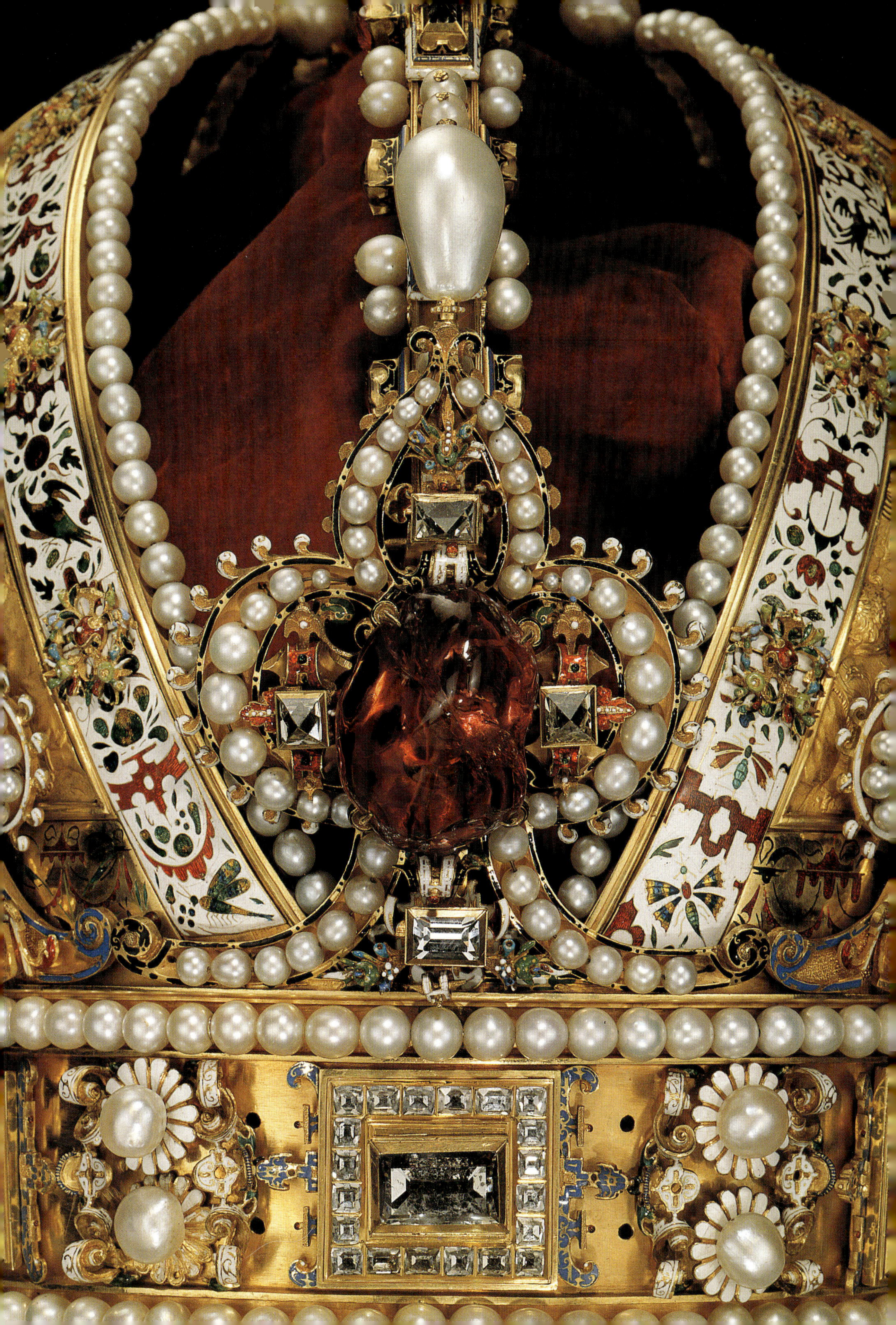

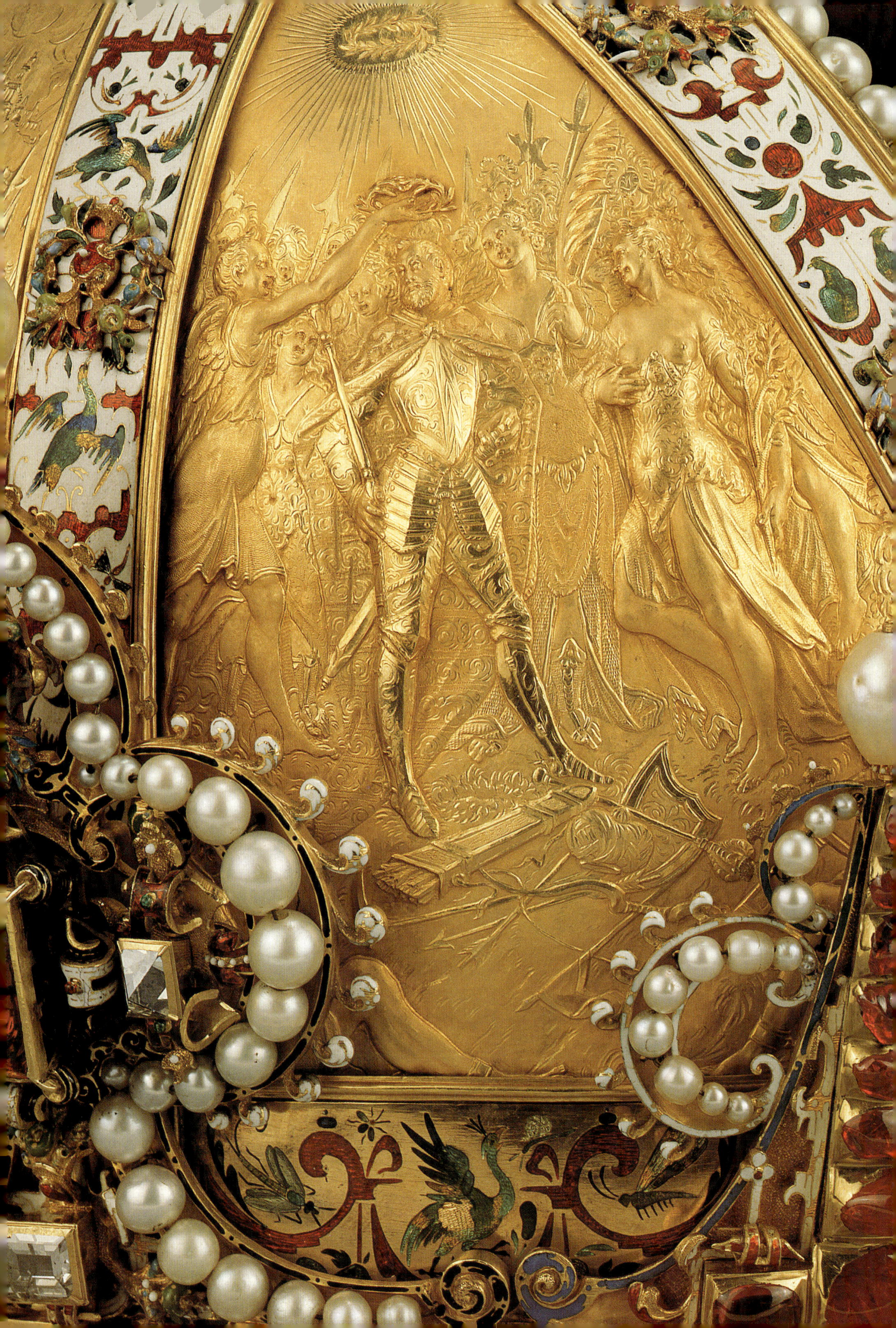

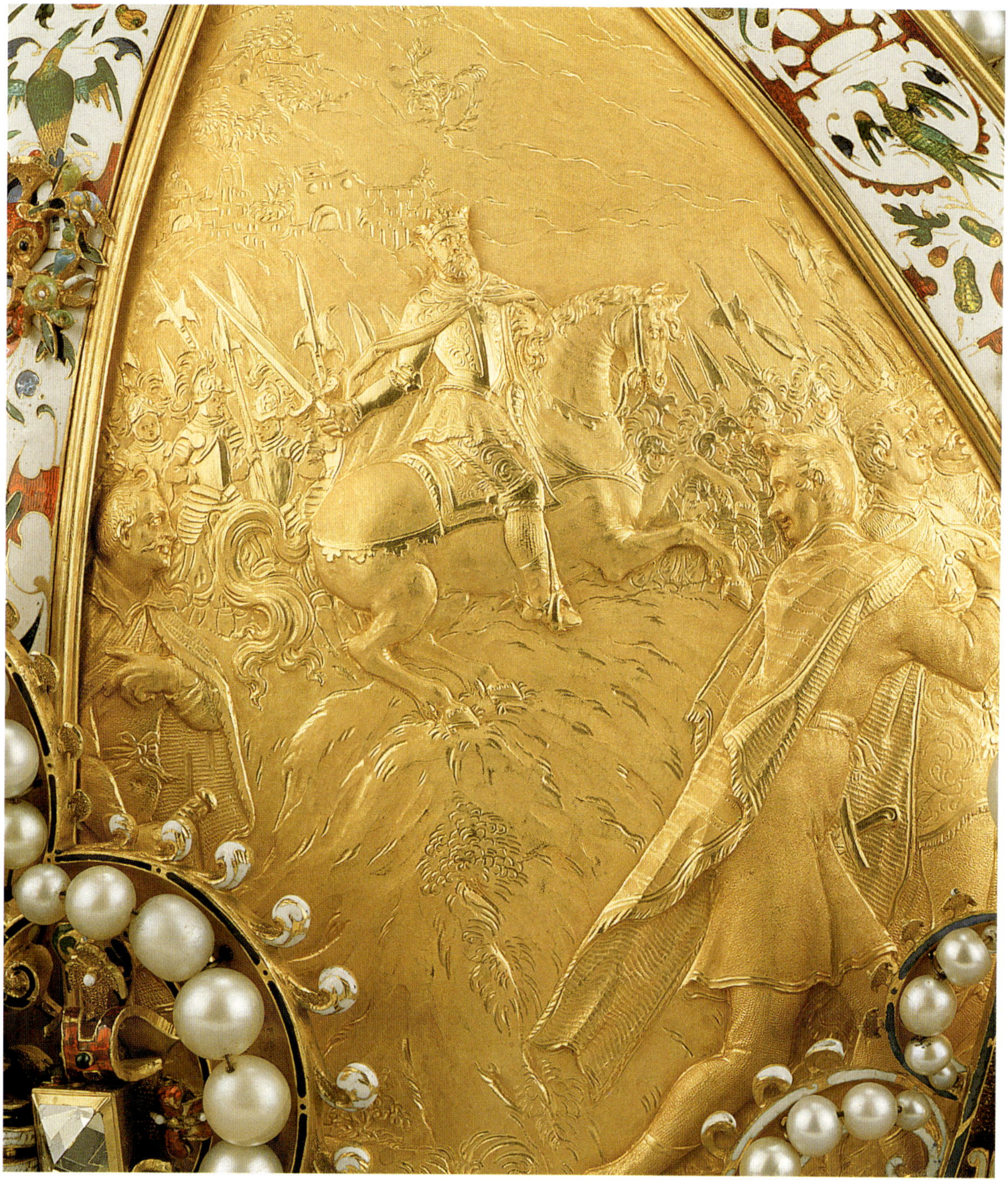

Corona dell'imperatore Rodolfo II. Dettagli: due pannelli della mitra
A FIANCO **Rodolfo II da imperatore**
SOPRA **La sua incoronazione a re di Ungheria avvenuta a Pressburg, a cavallo sulla collina dell'incoronazione**

I quattro pannelli della mitra dorata illustrano i quattro principali titoli di Rodolfo II che sono anche iscritti sulla parte inferiore dell'archetto rialzato della corona: IMPERATOR (Imperatore), AVGVSTUS (Augusto), REX HVNGARIAE (re di Ungheria) ET BOHEMIAE (e di Boemia). Il primo pannello lo raffigura come vincitore e principe della pace, il secondo mostra la sua incoronazione come re romano a Regensburg il primo novembre 1575, data in cui fu designato imperatore. Il terzo pannello lo raffigura come re d'Ungheria (incoronazione il 26-9-1572) e il quarto come re di Boemia (incoronazione il 22-1-1575). Il quadruplice ritratto di Rodolfo, senza precedenti nel campo dei simboli del potere come le corone, mostra il suo forte senso della dignità, nonché il carattere privato della corona.

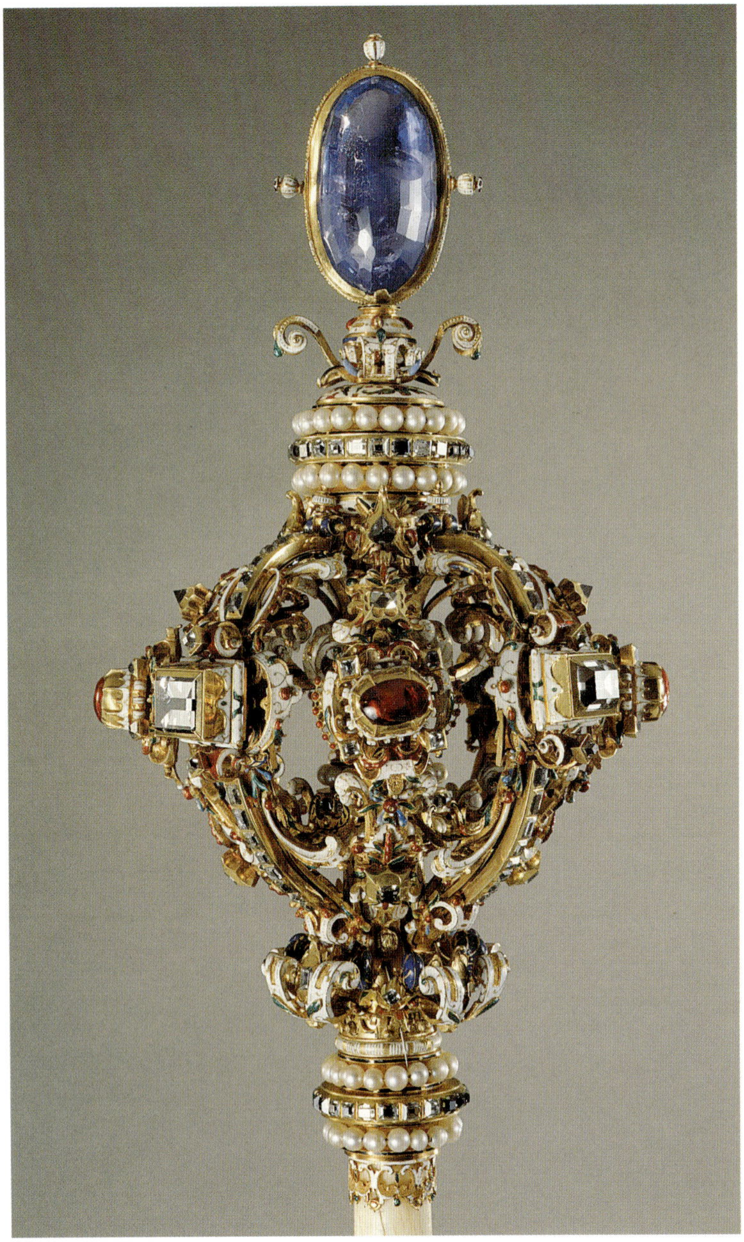

A DESTRA
Globo imperiale austriaco
attribuito ad Andrea Osenbruck (che lavorò a Praga circa dal 1610 fino a dopo il 1625), Praga, fra il 1612 e il 1615.
Oro, smalto, diamanti, rubini, zaffiri, perle;
Altezza 26,9 cm
(n. inv. XIa 3)

L'imperatore Mattia aggiunse il globo e lo scettro alla corona di Rodolfo. Il tipo di gioielli — anche qui senza smeraldi — e la decorazione dovevano copiare lo stile della corona. La sfera rappresenta la terra e con ciò gli imperatori rivendicano la sovranità universale.

Scettro austriaco
Andrea Osenbruck (che lavorò a Praga circa dal 1610 fino a dopo il 1625), Praga, 1615.
"Unicorno" (corno di narvalo), oro, smalto, diamanti, rubini, zaffiri, perle;
Lunghezza 75,5 cm
(n. inv. XIa 2)

Osenbruck firmò e datò lo scettro sulla capsula alla cima dell'asta. Sulla parte esterna della capsula c'è il monogramma dell'imperatore Mattia e l'anno in cui iniziò a regnare, il 1612. La scelta delle pietre preziose è fatta in modo da imitare la corona. Il mitico unicorno non poteva essere visto dai cacciatori, ma appoggiò docilmente la testa sul ventre di una giovane vergine. Questa era vista come un'immagine della reincarnazione di Cristo; la Vergine essendo Maria e il corno dell'unicorno essendo il simbolo di Cristo, del suo potere divino e della sua missione di redenzione. Esso divenne successivamente il segno caratterizzante del sovrano in terra, legittimato da Dio. Dal 1630 il globo e lo scettro di Mattia rimpiazzarono le insegne dell'imperatore Ferdinando I, eseguite fra il terzo ed il quarto decennio del cinquecento, che andarono così alla corona di Boemia. Le vecchie insegne di Boemia, risalenti al XIV secolo andarono all'arciducato d'Austria (vedi pag. 10).

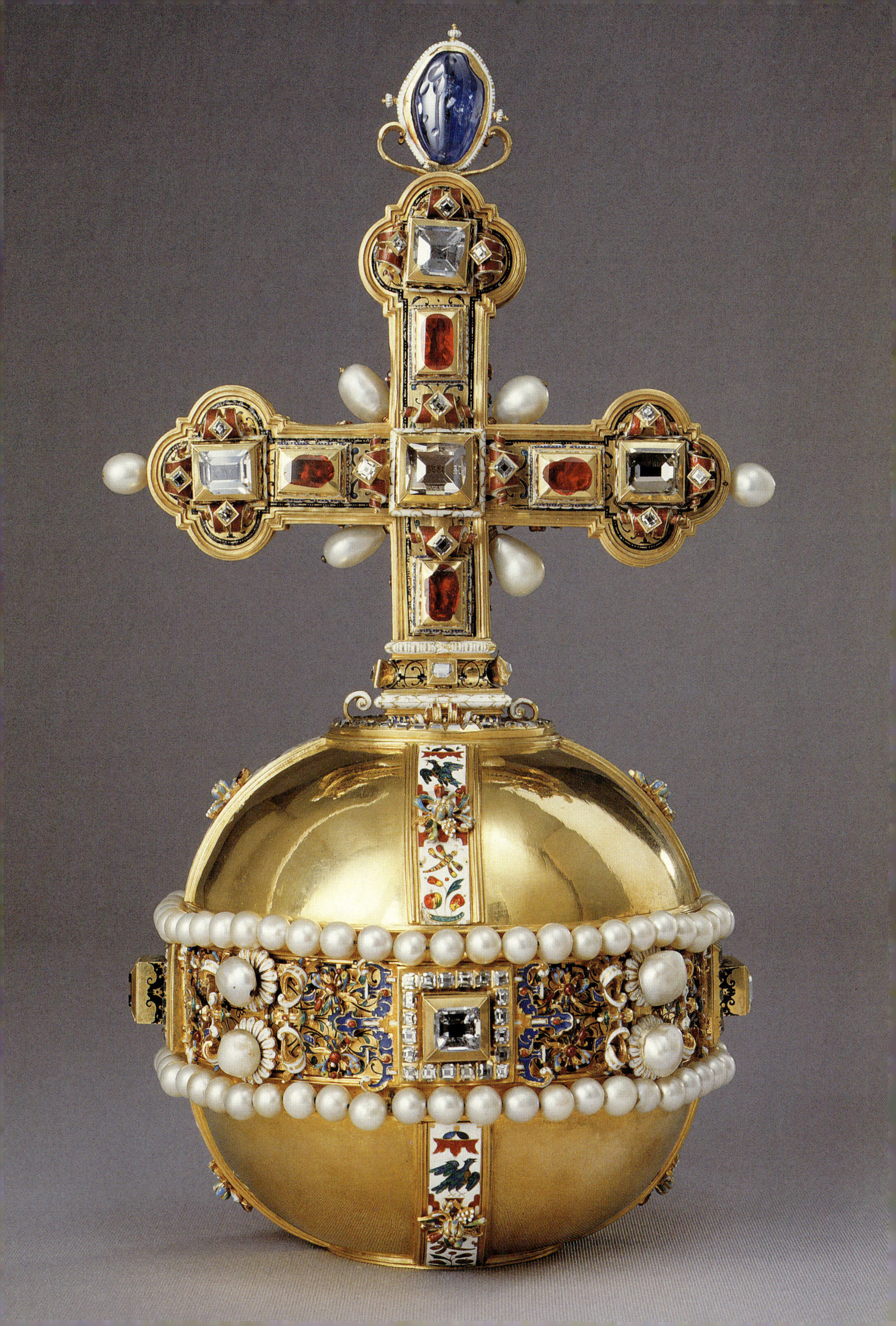

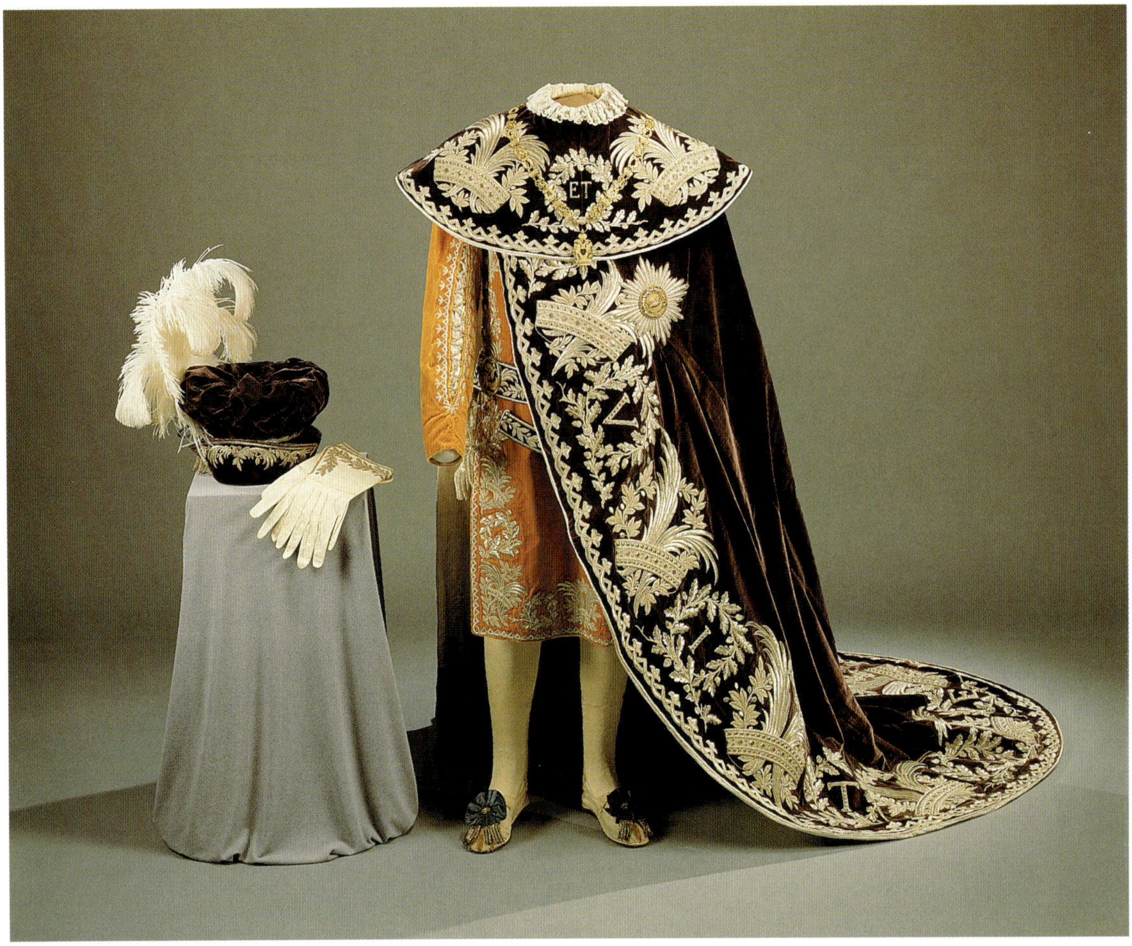

Paramento di un cavaliere dell'Ordine austriaco della Corona di Ferro
Disegno: Philipp von Stubenrauch (1784-1848), Vienna, 1815-16.
Velluto viola, velluto arancione, ricami in argento, merletti,
piuma di struzzo, nappa;
(Monturdepot, n. inv. EK III-3)

Mantello circolare con ampio bordo che ritrae la corona di Teodolinda con foglie di palma e rami di lauro, corona di foglie di quercia recante il motto dell'Ordine 'AVCTA ET AVITA' (ereditata e accresciuta). Napoleone aveva fondato l'Ordine della Corona di Ferro nel 1805. Quando le provincie del Lombardo-Veneto caddero sotto l'egemonia dell'Austria, l'imperatore Francesco I fondò la versione austriaca dell'Ordine (1-1-1816).

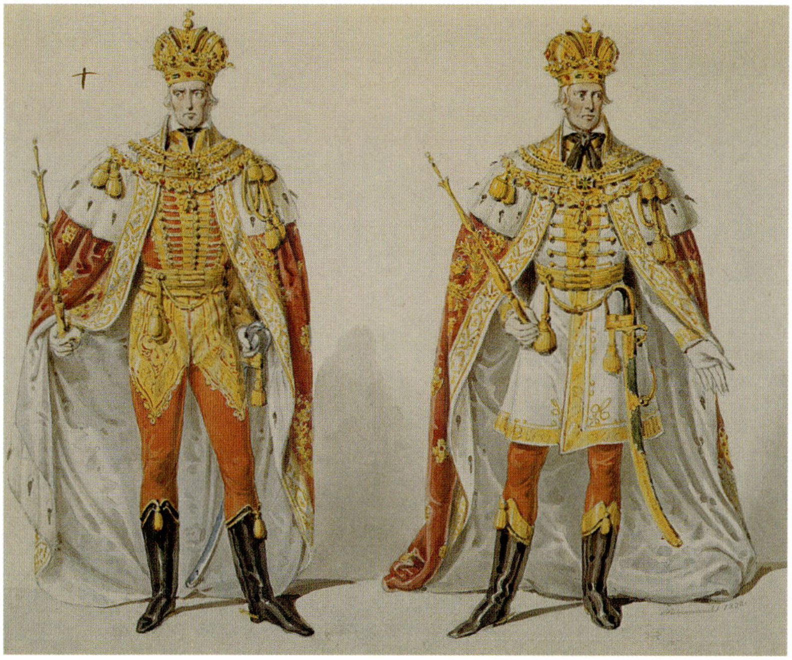

Disegni per i vestiti dell'imperatore d'Austria
Disegno: Philipp von Stubenrauch (1784-1848), Vienna, 1830.
Acquerello su cartoncino; 25,3 x 32 cm
(n. inv. XVI B 41)

Stubenrauch era il direttore dei costumi del teatro di corte di Vienna.
L'imperatore segnò con una croce il disegno di sinistra, che, grossomodo, fu quello che poi venne realizzato.

Mantello dell'imperatore austriaco
Disegno: Philipp von Stubenrauch (1784-1848),
Realizzazione: Johann Fritz, Maestro del ricamo in oro, Vienna, 1830.
Velluto rosso e bianco, ricami in oro, lustrini, ermellino, seta bianca;
Lunghezza 276 cm
(n. inv. XIV 117)

Le forme riprodotte sul mantello sono aquile bicipite, con le armi austriache sul blasone e bordate da foglie di quercia e d'alloro.

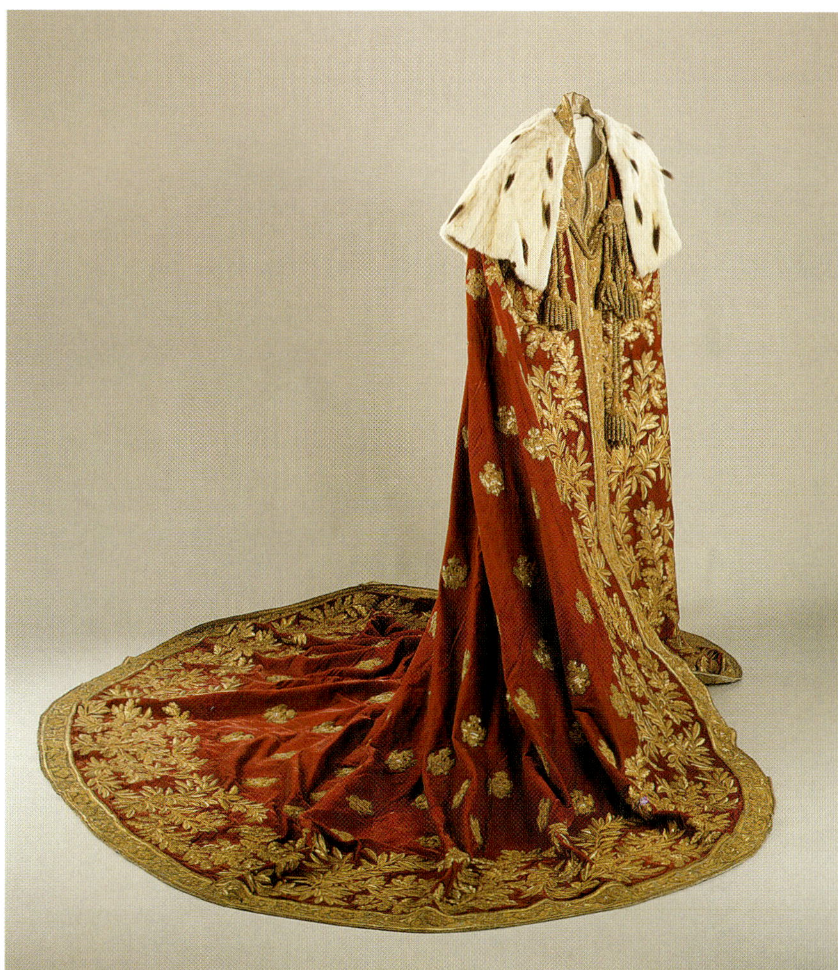

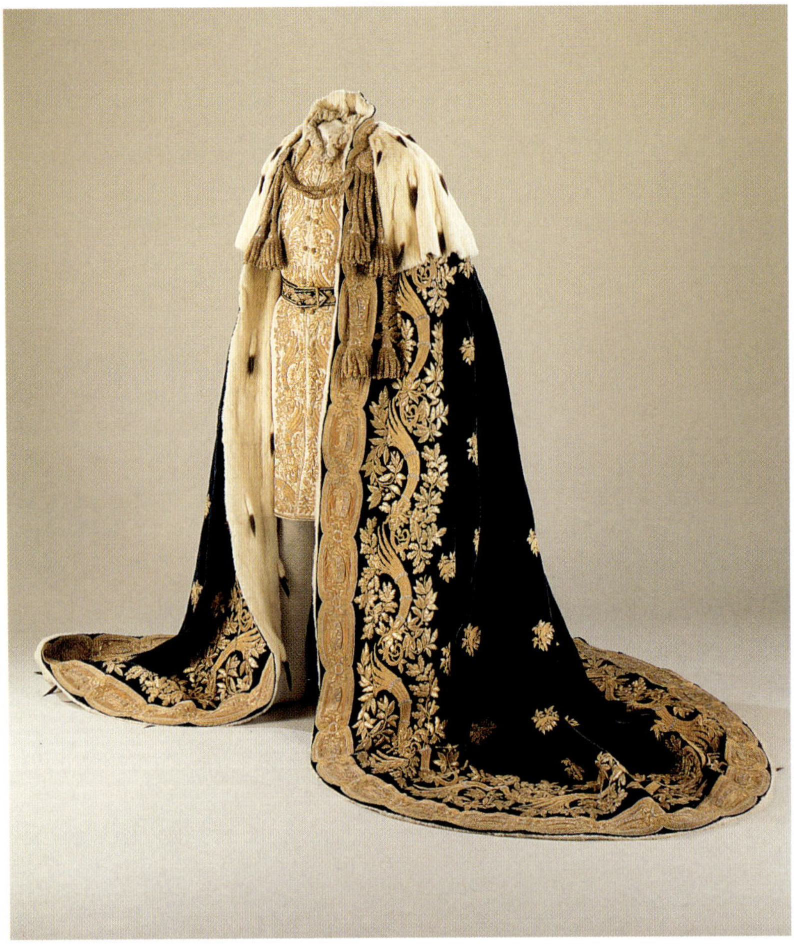

Paramento per l'incoronazione a re del Regno Lombardo-Veneto
Disegno: Philipp von Stubenrauch (1784-1848)
Realizzazione: Johann Fritz, Maestro del ricamo in oro
Vienna, 1838.
Velluto blu e arancione, moiré bianco, ricami d'oro e d'argento, ermellino, merletti;
Lunghezza 269 cm
(n. inv. XIV 118, XIV 119)

Il Regno Lombardo-Veneto univa le provincie del nord Italia che erano state cedute all'Austria con il Congresso di Vienna del 1815. L'imperatore Ferdinando I fu incoronato a Milano il 6 settembre del 1838. Il parato venne realizzato per l'occasione. Il bordo chiaro del manto mostra la corona di ferro. Nel 1859 l'Austria dovette ritirarsi dalla Lombardia.

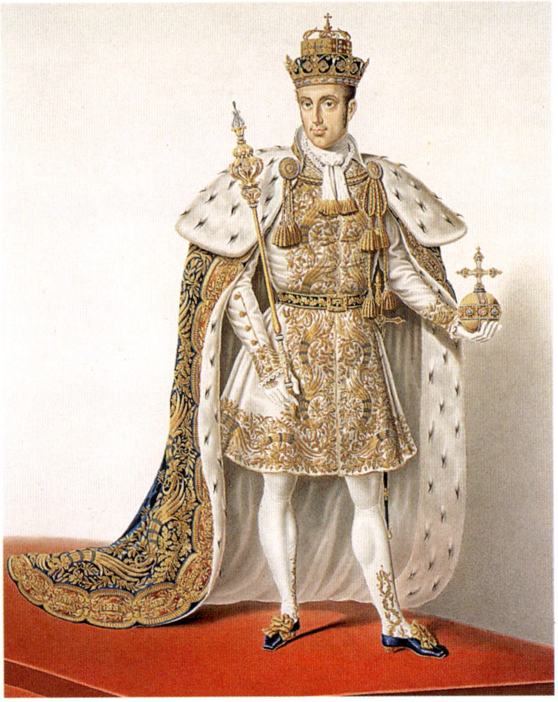

Imperatore Ferdinando I d'Austria nel paramento per l'incoronazione del Regno Lombardo-Veneto
Firmato: A Weissenböck, Vienna, 1838 circa.
Acquerello su carta;
60 x 49 cm
(n. inv. XVI B 43)

Questo acquerello è l'unica testimonianza che mostra come il re indossava la piccola corona di ferro con l'aiuto di un accessorio a forma circolare. Fu disegnato dal pittore Peter Fendi, assieme allo scettro e al globo. I tre pezzi furono separati e venduti in Italia nel 1871-72. La corona di ferro è ora nuovamente conservata a Monza.

Il tesoro della casata Asburgo-Lorena

Il tesoro della casata Asburgo-Lorena è il tesoro di famiglia della casa d'Austria e perciò l'origine del tesoro secolare. Esso era parte della familiare primogenitura 'fidei-commissum' delle collezioni d'arte imperiali. Fra questi tesori ci sono le insegne, un tempo private, dell'incoronazione imperiale, divenute più tardi (1804) le insegne ufficiali d'Austria. Ma c'è anche una vasta collezione di gioielli, la ciotola di agata e la cosiddetta spada di unicorno (Ainkhürn): i due 'inalienabili oggetti della casata d'Austria'. Ci sono poi vasi e abiti per il battesimo e innumerevoli ricordi dei singoli membri della famiglia reggente. Fra questi ultimi vi sono oggetti di interesse storico appartenuti a Napoleone I, imperatore di Francia, e alla sua seconda moglie Maria Luisa, arciduchessa e principessa imperiale d'Austria, nonché a loro figlio Napoleone Francesco Carlo, re di Roma e più tardi duca di Reichstadt. Infine ci sono oggetti personali appartenuti allo sfortunato imperatore Massimiliano di Messico, il fratello minore dell'imperatore Franco Giuseppe.

Questo tesoro era stato originariamente più ricco. Dopo il 1871 tutte le collezioni della casata imperiale furono trasferite al Kunsthistorisches Museum, che era stato costruito per esse. Il tesoro imperiale conservò soltanto quegli oggetti che documentavano il potere e la grandiosità della casata imperiale con il loro valore simbolico, storico o materiale. Molti recipienti ornati da gioielli, cammei, piccole sculture di bronzo, avorio e altri materiali, nonché oggetti in oro che oggi contribuiscono alla fama del Kunsthistorisches Museum, provengono dalla collezione del tesoro imperiale. Alcuni di essi possono essere fatti risalire al tesoro artistico dell'imperatore Rodolfo II. Maria Teresa fece redigere un inventario del tesoro di famiglia nel 1750, che fu anche il primo inventario completo.

Inventario del tesoro
Commissionato dall'imperatrice Maria Teresa nel 1750.

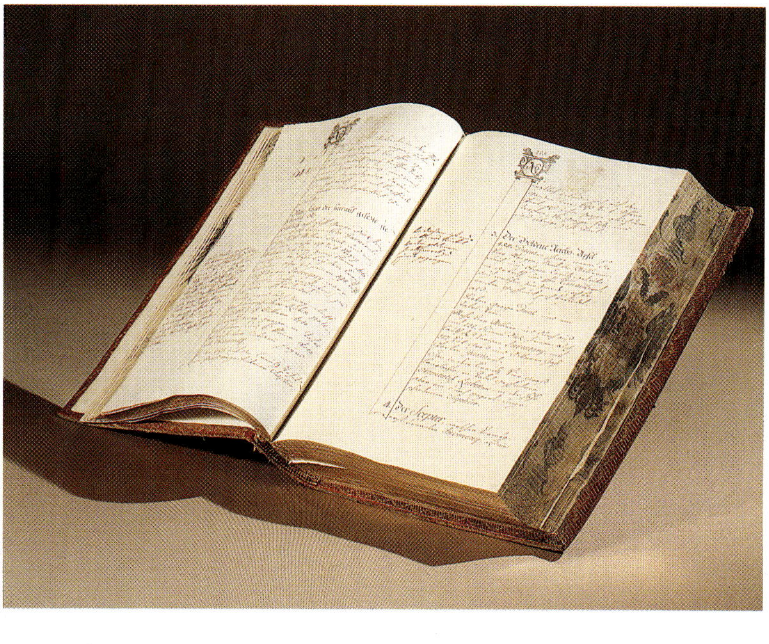

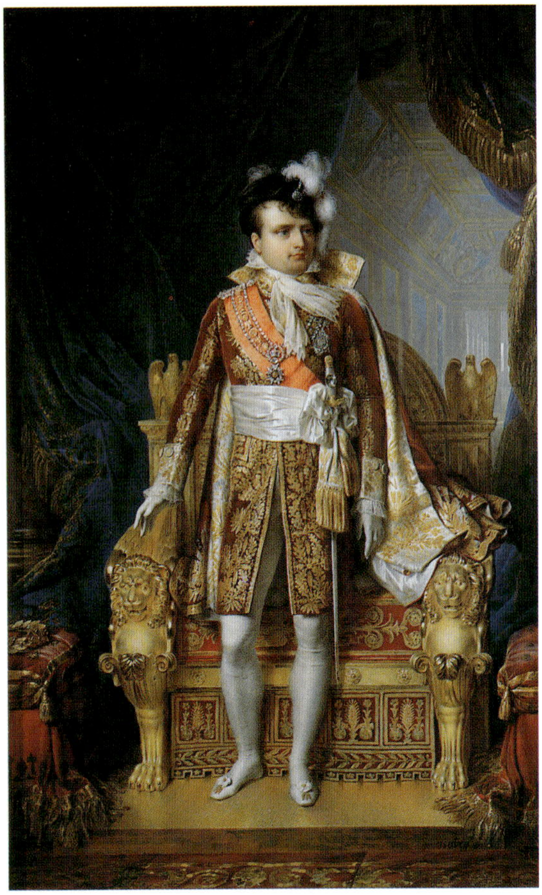

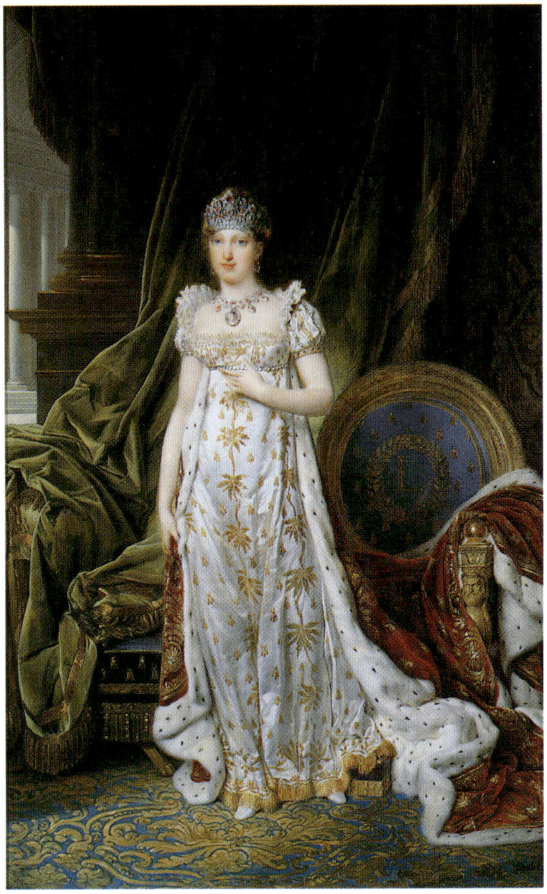

Imperatore Napoleone
Imperatrice Maria Luisa
Jean Baptiste Isabey (1767-1855), Parigi, 1810.
Guazzo su avorio; cornice: ottone dorato;
Ciascuno 24,8 x 16,5 cm, con cornice: 31,9 x 24,2 cm
(n. inv. XIV 148 e XIV 149)

Napoleone e Maria Luisa sono raffigurati nei vestiti che indossavano per il loro matrimonio il 2 aprile 1810. Il diamante dell'imperatrice, il diadema di rubini e il suo collier erano i regali di nozze fatti da Napoleone.

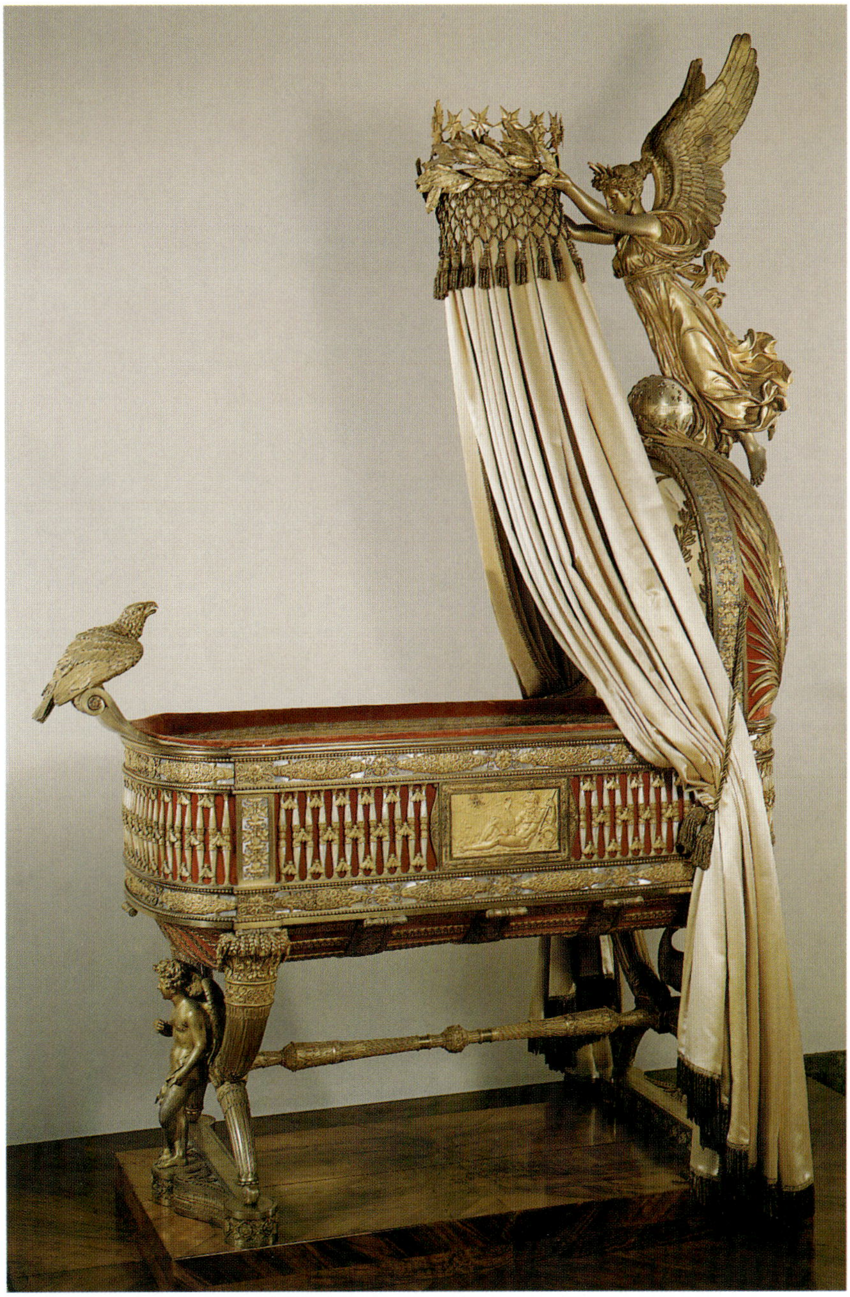

Culla a dondolo-trono del re di Roma
Disegno: Pierre Paul Prud'hon (1758-1823), Calco della fusione: Henri-Victor Roguier (1758- succ. 1830), Realizzazione: Gian Battista Claudio Odiot (1763-1850) e Pierre-Philippe Thomire (1751-1843), Parigi, 1811.
Argento dorato, oro, madreperla, velluto, seta, tulle;
Altezza 216 cm
(n. inv. XIV 28)

Dono della città di Parigi all'imperatrice Maria Luisa in occasione della nascita di suo figlio Napoleone-Francesco-Carlo il 20 marzo 1811. Più di 280 kg di argento furono usati nella lavorazione. L'erede al trono ricevette il titolo di re di Roma al momento della sua nascita e, dopo la morte di Napoleone, il titolo di duca di Reichstadt. Egli morì a Vienna nel 1832.

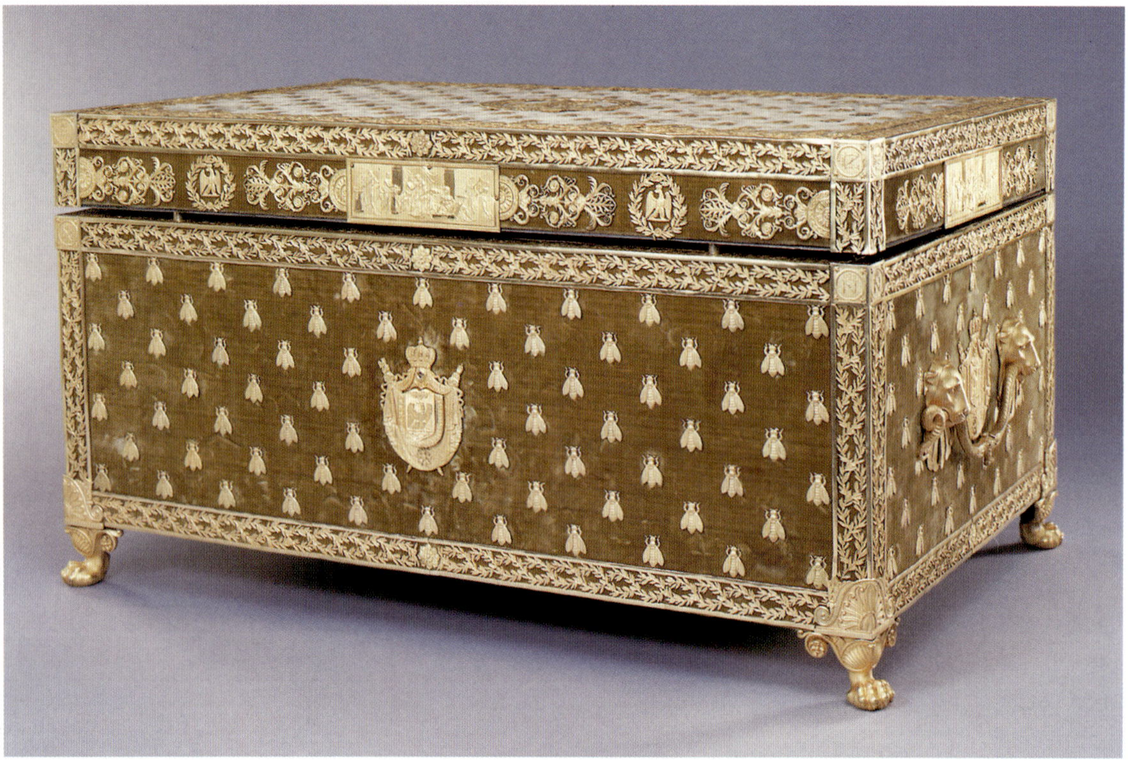

Cofanetto dei gioielli dell'imperatrice Maria Luisa
Martin Guillaume Biennais (1764-1843) e Augustin Dupré (1748-1822).
Parigi, 1810.
Argento dorato, velluto, seta;
Altezza 28,8 cm, lunghezza 54,7 cm, larghezza 34,7 cm
(n. inv. XIV 153)

Secondo la tradizione, il cofanetto conteneva i gioielli che Napoleone aveva regalato a Maria Luisa in occasione del matrimonio. Sui quattro lati del cofanetto, nella zona centrale, sono raffigurate le armi imperiali di Napoleone. I bassorilievi sui quattro lati del coperchio mostrano le 'Nozze di Aldibrandini', come nel famoso affresco antico.

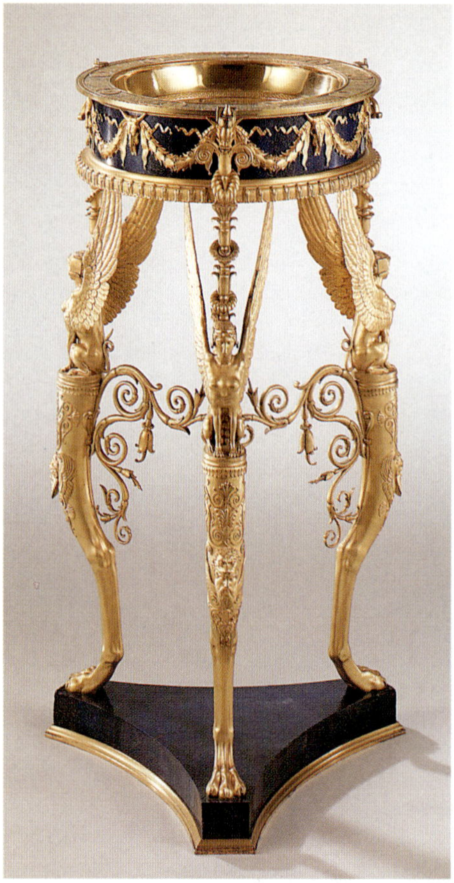

Treppiede con bacile
Luigi Manfredini (1771-1840) e Francesco Manfredini, Milano, 1811.
Bronzo dorato, argento dorato, lapislazzuli;
Altezza 81,5 cm, diametro 37 cm
(n. inv. XIV 152)

Secondo la tradizione il treppiede fu un regalo della città di Milano all'imperatore e a Maria Luisa in occasione della nascita dell'erede al trono nel 1811. Esso è ispirato ad un antico treppiede di Pompei, che può essere oggi ammirato nel Museo Nazionale di Napoli.

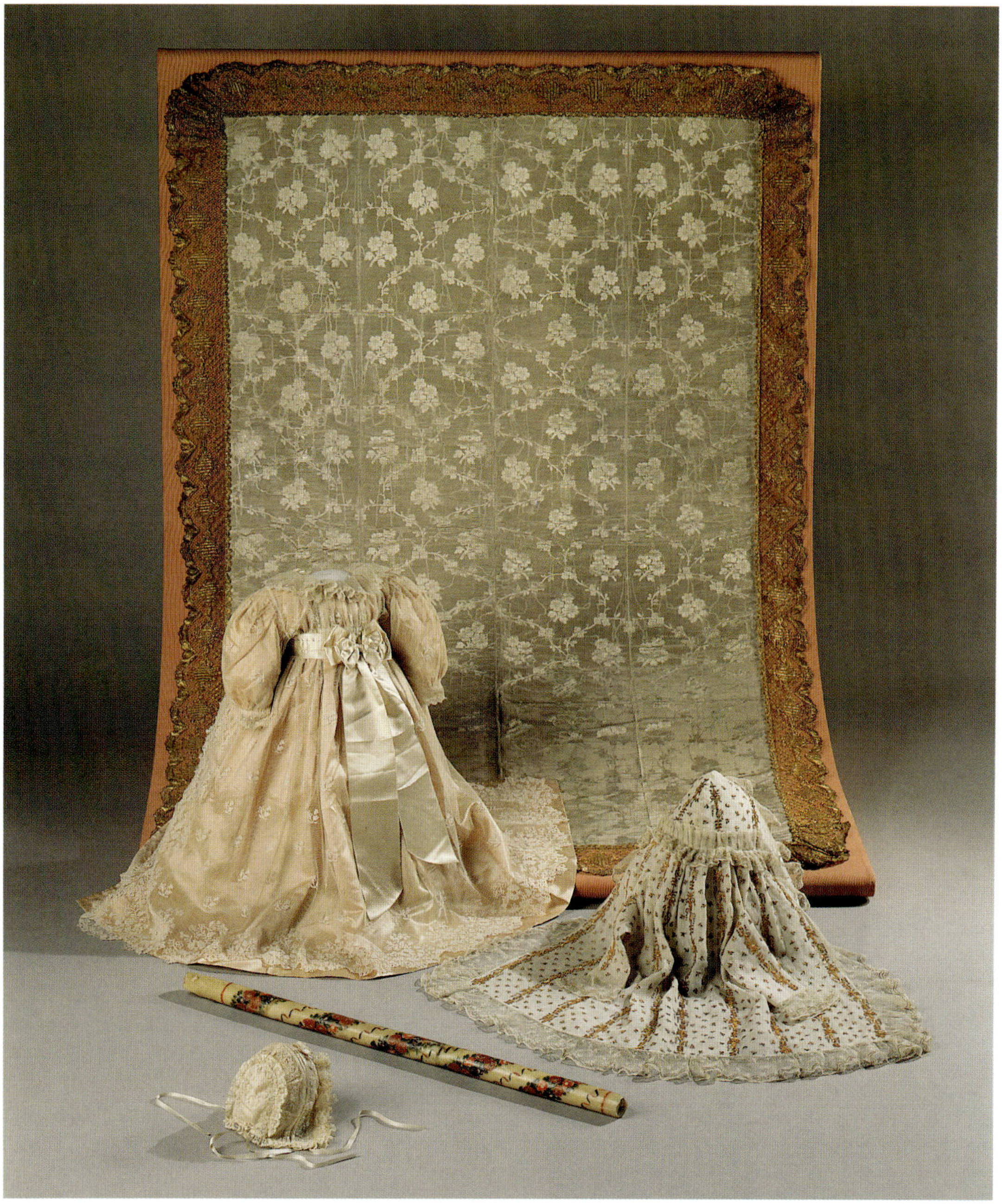

Coperta da battesimo, due mantelline battesimali, candela da battesimo
Coperta: Vienna, 1762; vestito di destra: Vienna, fine del XVIII secolo; vestito di sinistra: Vienna, 1830; candela: Vienna 1868.
Moiré d'argento con disegni in raso, pizzo in oro; cotone cambrì, ricami in oro, merletti per cuscino, satin rosa, cera dipinta col oli colorati; 178 x 116, lunghezza 65 cm, larghezza 72 cm, lunghezza 73 cm (n. inv. XIV 10, XIV 11, A 208 D 109)

Il vestito rosa, che si abbina al copricapo in tulle, fu usato per il battesimo del futuro imperatore Francesco Giuseppe (1830) e per quelli dei suoi fratelli e sorelle, Massimiliano (di Messico 1832), l'arciduca Carlo Luigi (1833), l'arciduchessa Maria Anna (1835) e l'arciduca Luigi Vittorio (1842).

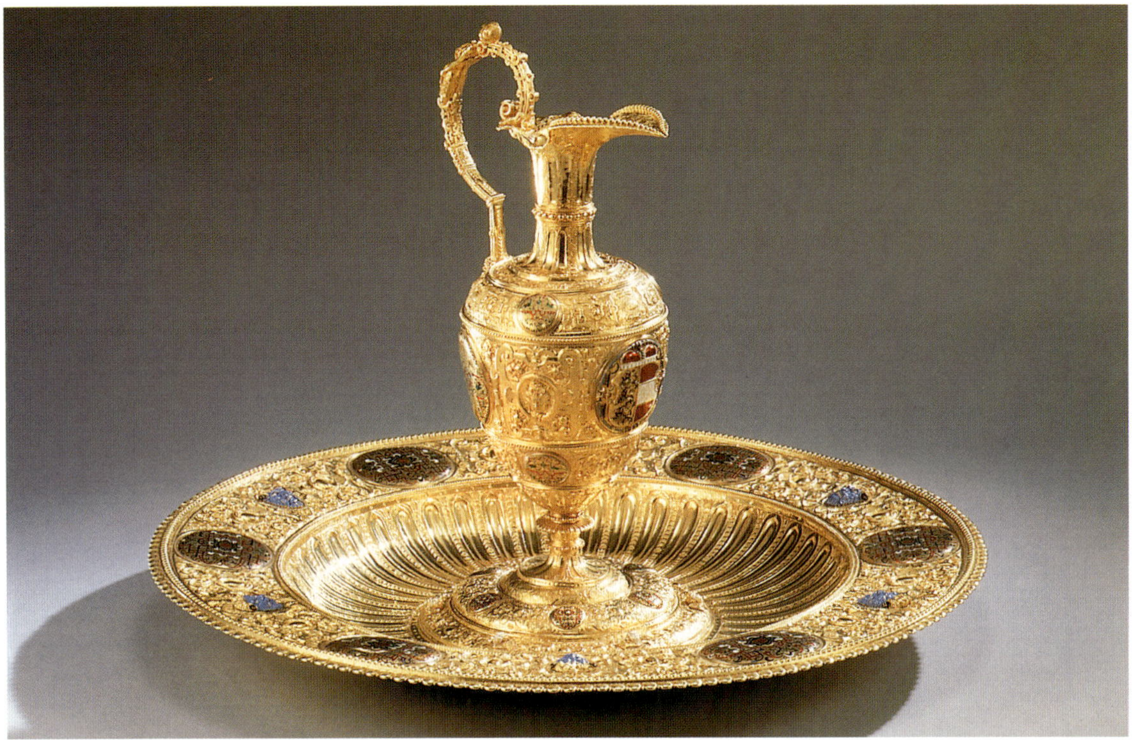

Brocca e bacile battesimale
A FIANCO **Dettagli del bacile per il battesimo con lo stemma della Carinzia**
Maestro di Spagna, 1571.
Oro parzialmente smaltato;
Brocca: Altezza 34,5 cm; diametro del bacile: 61,5 cm
(n. inv. XIV 5, XIV 6)

Questo servizio, nel quale sono lavorati circa 10,5 kg d'oro, fu donato come regalo di nozze nel 1571 dagli stati provinciali della Carinzia all'arciduca Carlo dell'Austria interna e Maria di Baviera. Dal XVII secolo in poi il prezioso bacile, originariamente concepito per uso non religioso, fu usato per i battesimi.

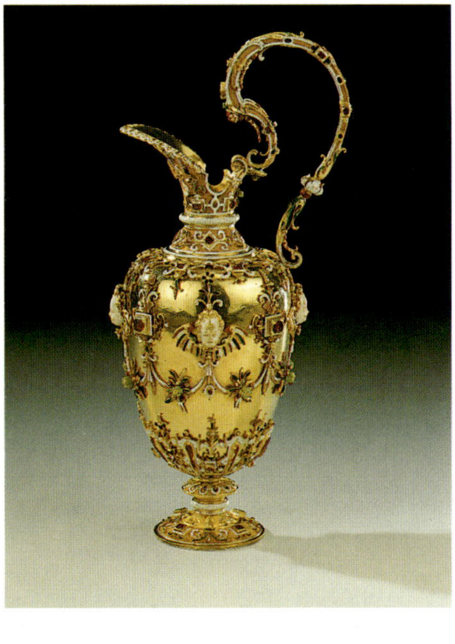

Piccola brocca da battesimo
Jan Vermeyen (prima del 1559-1608)
Praga, 1600 circa.
Oro parzialmente smaltato, rubini;
Altezza 15,5 cm
(n. inv. XIV 7)

Questo elegante capolavoro del laboratorio della corte imperiale fu probabilmente realizzato per l'arciduca Ferdinando (più tardi divenne l'imperatore Ferdinando II) che sposò Maria Anna di Baviera nel 1600 ed ebbe il primo dei suoi sette figli nel 1601.

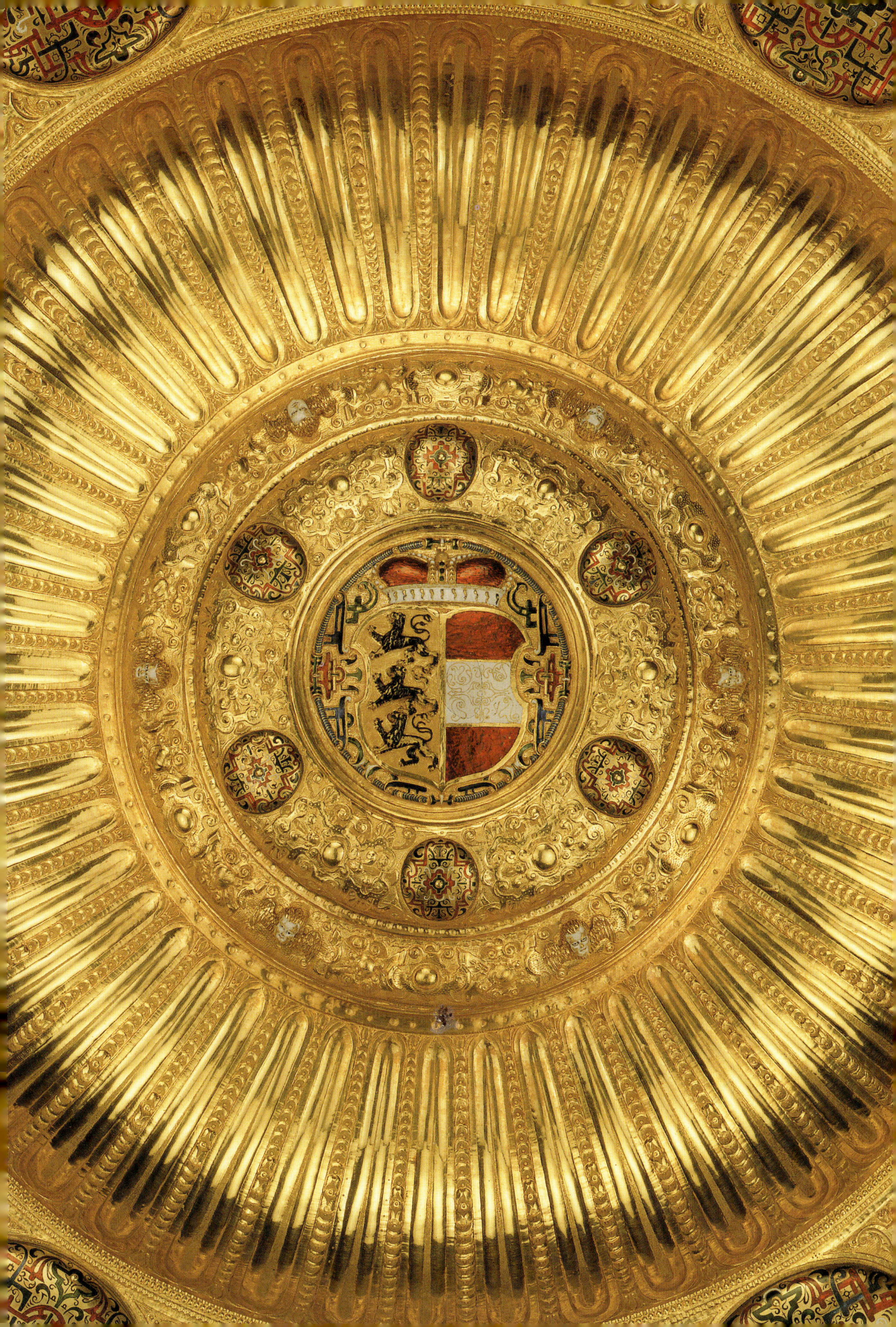

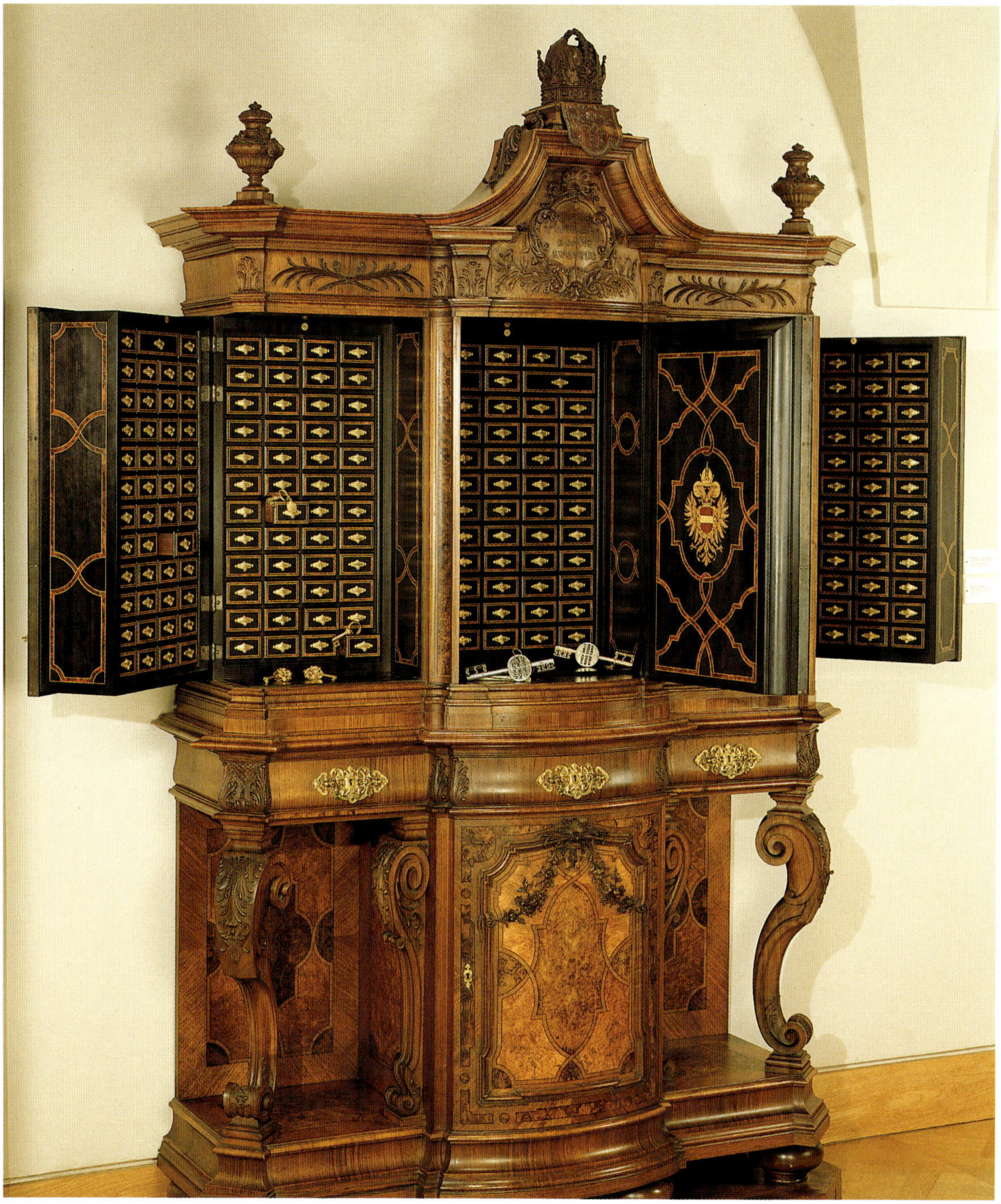

Stipo per la custodia delle chiavi dei sarcofagi asburgici
Alexander Albert, stipettaio, Vienna 1895.
Noce e altri legni;
Altezza 243 cm, larghezza 149 cm, profondità 64 cm
(n. inv. XVI A 24)

L'armadio contiene le chiavi di 139 sarcofagi che si trovano nella Cripta dei Cappuccini a Vienna, a Seckau, Bozen, Gmünd, Linz, Neuberg e Mantova. Nella parte centrale si trovano le chiavi dei sarcofagi degli imperatori e dei loro parenti più stretti. Le ante laterali contengono le chiavi dei sarcofagi degli altri membri della casa d'Austria. Le chiavi più antiche risalgono al XVII secolo.

Corona di Stefano Bocskai
origine turca, 1605 circa.
Oro, rubini, spinelli, smeraldi, turchesi, perle, seta;
Altezza 23,2 cm, diametro 18,8-22 cm
(n. inv. XIV 25)

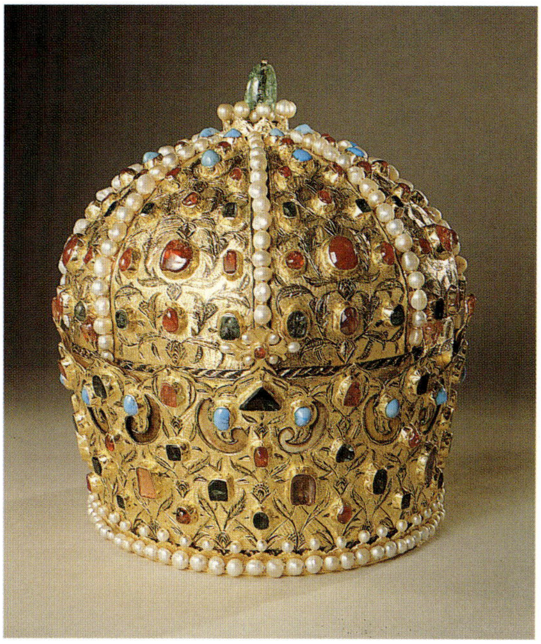

Il nobile calvinista Stefano Bocskai (1557-1606) insorse contro Rodolfo II per motivi religiosi e dopo le grandi vittorie militari si fece eleggere principe di Transilvania e d'Ungheria.
Il sultano turco Ahmed gli diede riconoscimento e lo fece incoronare dal gran visir Lala Mehmed Pascha nel 1605. Nel 1610 il parlamento ungherese fece portare dal palatino Giorgio Thurzo la corona a Vienna, dove da allora è rimasta a commemorare un breve episodio storico.

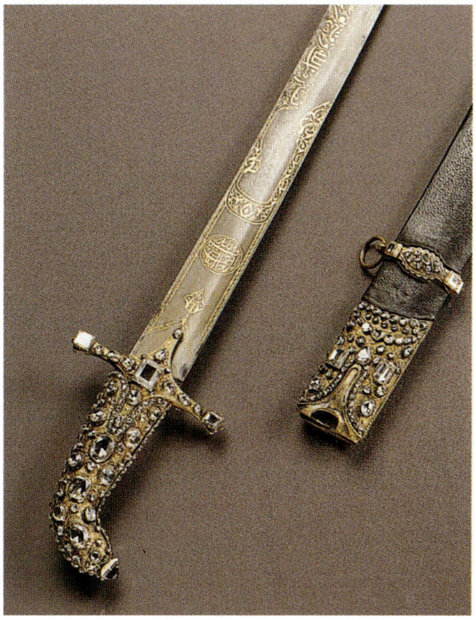

Sciabola con diamanti
Origine turca, seconda metà del XVII secolo, tempestata di diamanti. Vienna, 1712 circa.
Acciaio di Damasco (con ferro meteoritico?), oro, argento dorato, diamanti, uno zircone, legno, cuoio;
Lunghezza 91,5 cm; fodero, lunghezza 82,5 cm
(n. inv. XIa 50)

Iscrizione sul medaglione sotto l'aquila: 'Nel Nome di Dio Misericordioso', lungo il retro 'L'aiuto di Dio, vittoria rapida e la buona novella per i credenti'. Gli ornamenti in argento dorato sono di origine turca. La sciabola fu decorata, in parte con diamanti molto antichi, in occasione dell'incoronazione di Carlo VI a re di Ungheria nel 1712. Anche Maria Teresa la indossò per la sua incoronazione ungherese.

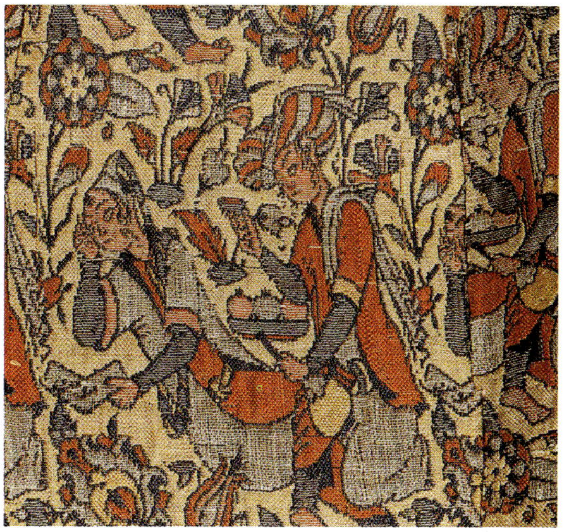

Custodia per la corona di Stefano Bocskai
Dettaglio del coperchio
Origine persiana, Isfahan (?) 1600 circa.
Seta;
(n. inv. XIV 184)

La figura, bordata da fiori, mostra una dama mentre legge. Un servitore le offre una tazza con la mano destra, mentre nella sinistra reca una bottiglia dal collo lungo. La firma dell'artista si trova sul libro della dama: 'Mu'min'.
La preziosa stoffa venne probabilmente dalla corte dello shah Abbas il Grande (1587-1628) di Isfahan.

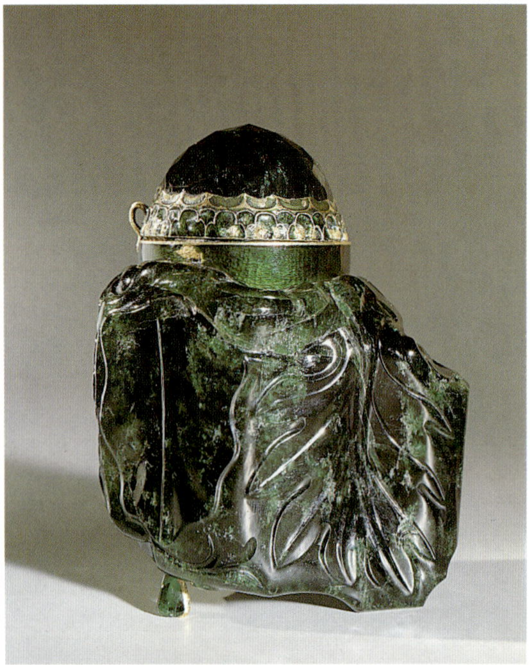

Vaso di smeraldo
Dioniso Miseroni, Praga, 1641.
Smeraldo da 2680 carati, oro smaltato;
altezza 10,9 cm, lunghezza 8,5 cm, larghezza 7,2 cm
(n. inv. KK 2048)

L'imperatore Rodolfo II acquistò questo gigantesco smeraldo della miniera di Muzo, in Colombia. Al fine di evitare sprechi, la lavorazione asseconda le irregolarità della pietra greggia, che è costituita da due cristalli cresciuti assieme. Ciò spiega la sua anomala forma. Il coperchio fu ricavato dall'interno del vaso.

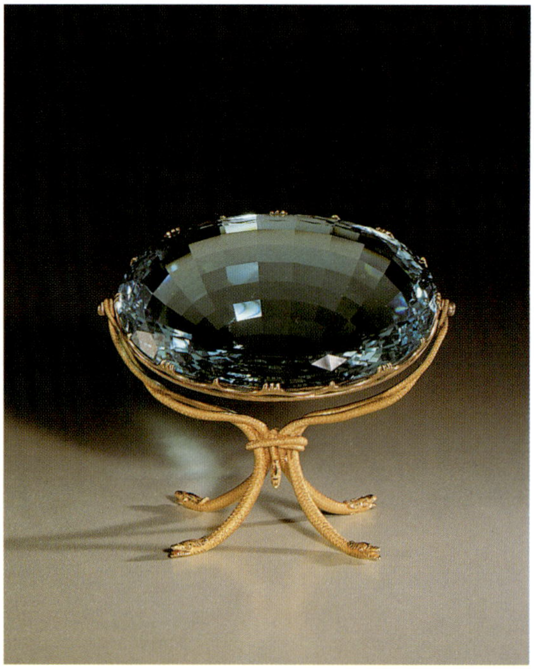

Acquamarina
Montatura: Vienna (?), 1800 circa.
Acquamarina russa (?), 492 carati, oro;
Altezza 5,8 cm, lunghezza 7,4 cm,
larghezza 4,55 cm
(n. inv. KK 1911)

La pietra traslucida è presentata da sola come curiosità. Si muove su una montatura con delicati piedini a forma di serpente.

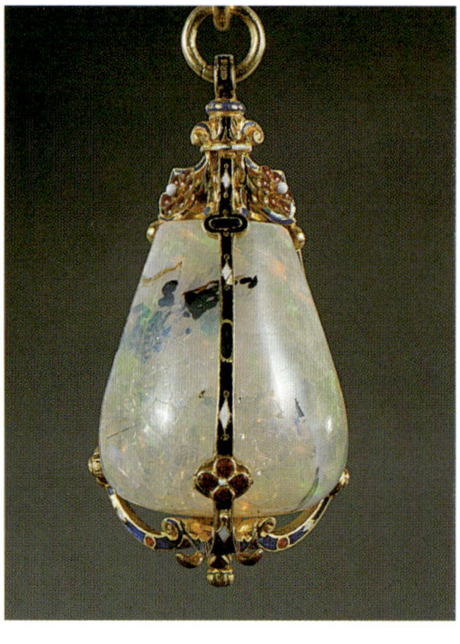

Opale a forma di pera
Montatura: Germania del sud, 1600 circa.
Opale prezioso slovacco, oro smaltato;
Altezza 7,2 cm
(n. inv. XIa 52)

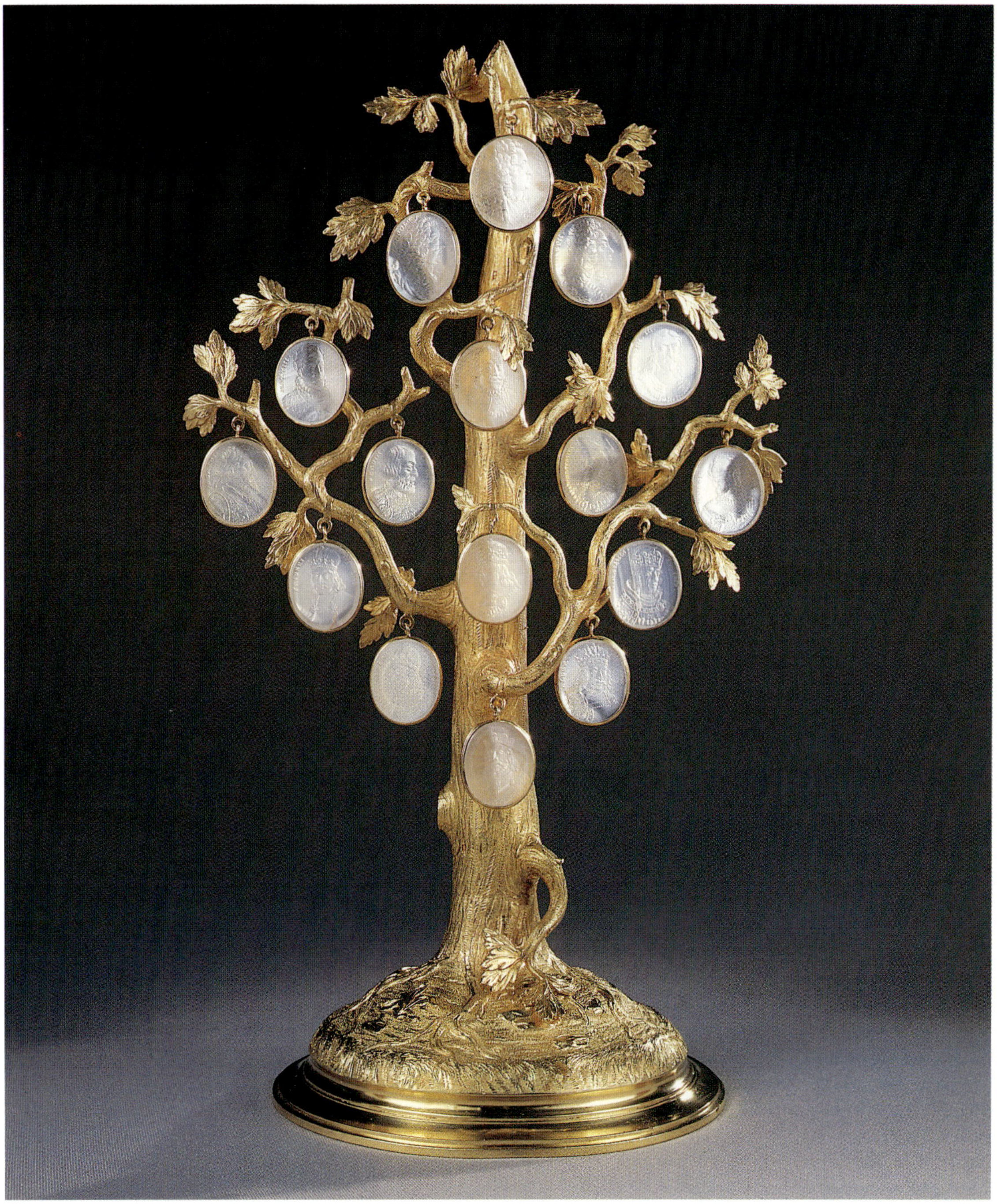

Albero genealogico dei re ed imperatori della casata d'Asburgo
Albero: Vienna, 1725-30 circa.
Intagli: Christoph Dorsch (1676-1732), Norimberga.
Oro, calcedonio;
Altezza 29,2 cm, larghezza 17,4 cm
(n. inv. KK XII 783)

La corona romboidale dell'albero contiene i ritratti da Rodolfo I (1218/1273-1291) fino a Carlo VI (1685/1711-1740).

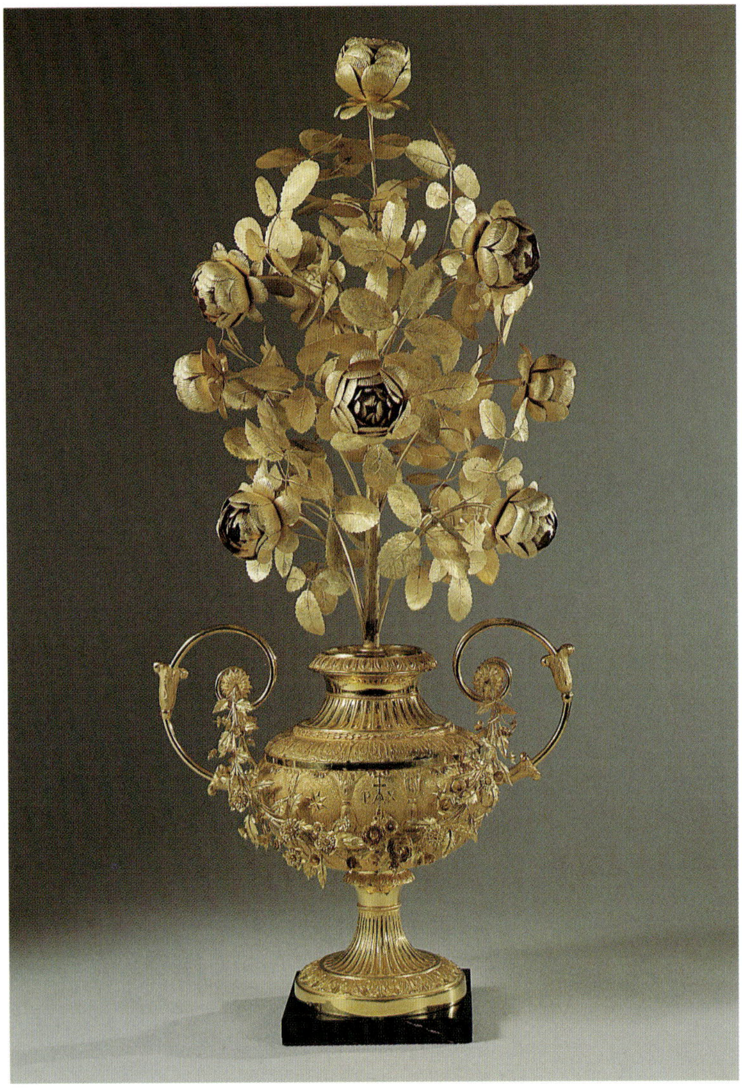

Rosa d'oro
Giuseppe Spagna (1765-1839) e Pietro Paolo Spagna (1793-1861),
Roma, 1818-19.
Oro; base: verde antico;
Circa 60 cm di altezza senza base
(n. inv. XIV 19)

Nella quarta domenica di quaresima (Laetare) il Papa era solito benedire una rosa d'oro e donarla a una istituzione meritevole o a una persona. Nel 1819 il papa Pio VII dedicò questa rosa a Carolina Augusta, la quarta moglie dell'imperatore Francesco I d'Austria. Le dodici rose simboleggiano i dodici apostoli, la tredicesima in testa alle altre, contenente muschio e balsamo, rappresenta Cristo.

'Giacinto la Bella'
Montatura: Vienna 1687.
416 carati granato o almandino, oro, argento dorato, smalto;
Pietra 19,9 x 15,8 cm; altezza 6,8 cm
(n. inv. XIa 51)

La montatura interna, di rametti smaltati in bianco, è probabilmente di lavorazione francese risalente agli inizi del XV secolo. Tuttavia della pietra non si trova menzione fino all'inventario del 1619. Anche allora essa viene chiamata 'Giacinto la Bella', sebbene non sia un giacinto. Sebbene fosse stata persa dal tesoro imperiale, Leopoldo I la acquisì nuovamente nel 1687. La nuova montatura mette in risalto l'alto valore della pietra: l'aquila bicipite imperiale oltre alla spada e allo scettro tiene anche fra gli artigli le armi di Ungheria e Boemia.

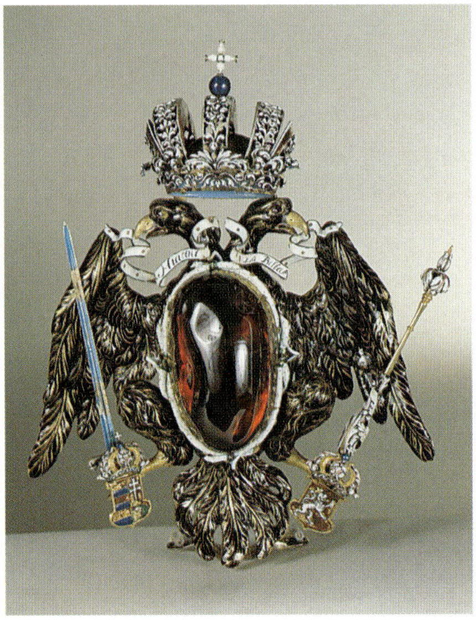

Gran Croce e Croce dell'Ordine Militare di Maria Teresa, assieme alla Stella e alla Croce dell'Ordine Ungherese di Santo Stefano
Vienna, 1765 e 1757;
Vienna, prima metà del XIX secolo.
Oro, argento, diamanti, smeraldi, rubini;
Altezze 10,6 cm e 6 cm, diametro 10,4 cm, altezza 8,3 cm
(n. inv. XIa 16, XIa 17, XIa 20, XIa 21)

Entrambi gli ordini furono fondati da Maria Teresa. Fu lei a creare l'ordine militare che porta il suo nome, in occasione della vittoria austriaca sulla Prussia, avvenuta a Kolin il 18 giugno 1757. Fondò poi l'Ordine di Santo Stefano nel 1764, in occasione dell'elezione di suo figlio Giuseppe II a re di Roma. Tale Ordine, che prese il nome dal re ungherese Santo Stefano, era il più alto Ordine di Merito civile della monarchia.

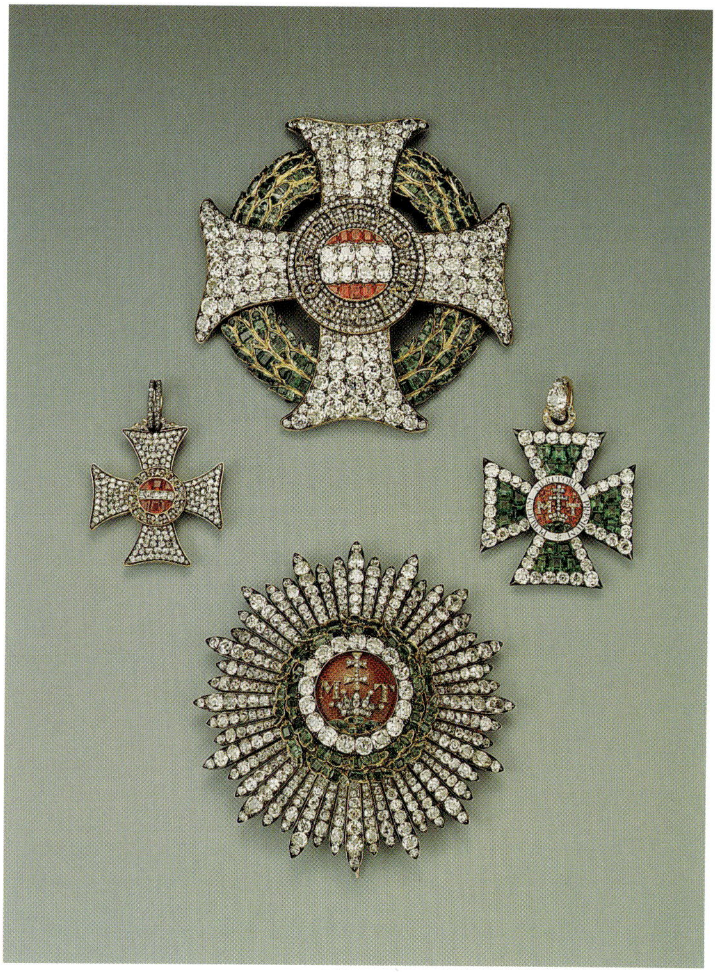

Cintura di opali ungherese
Fratelli Egger, Budapest, 1881.
Oro smaltato, opali slovacchi, diamanti, rubini;
(n. inv. XIb 41)

La cintura appartiene a una parure che fu un dono della città di Budapest alla principessa Stéphanie del Belgio nel giorno in cui fu promessa in sposa al principe della Corona, Rodolfo (1881). Essa constava di una cintura, un collier, degli orecchini, dieci fermagli per corsetto, due bracciali e cinque spilloni per l'acconciatura. Il disegno si ispira ai cosiddetti 'gioielli dei magnati' ungheresi del XVI secolo.

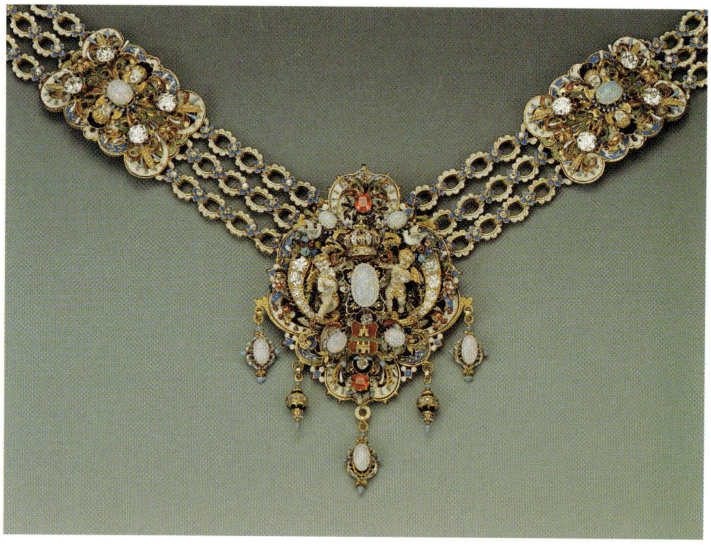

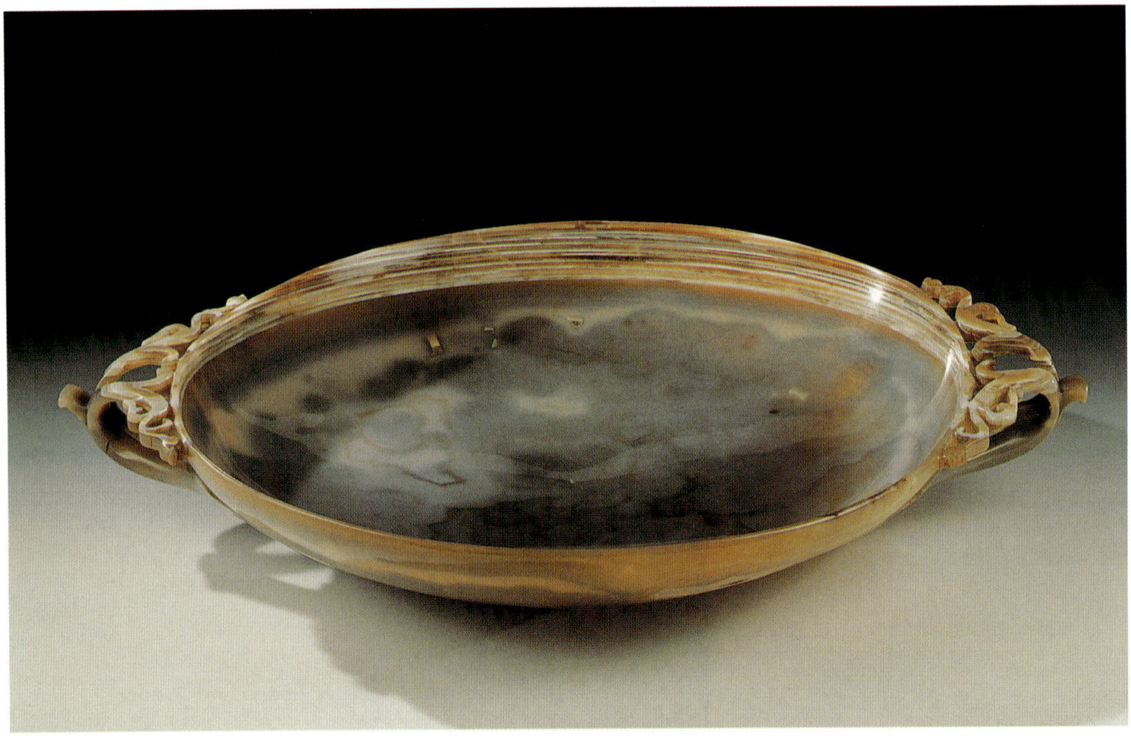

Coppa d'agata
Costantinopoli (?), IV secolo.
Agata;
Larghezza 76 cm, manici inclusi.
(n. inv. XIV 1)

La coppa fu ricavata da un unico pezzo d'agata, probabilmente alla corte di Costantino imperatore. Per secoli è stata considerata il capolavoro assoluto dell'intera Tesoreria. Con un decreto del 1564 Massimiliano II e i suoi fratelli la dichiararono 'inalienabile oggetto della casata d'Austria'. Questi la ritenevano così importante, non tanto perché fosse un capolavoro di lavorazione della pietra, ma perché, per un miracolo della natura, essa recava una misteriosa iscrizione. Sotto una certa luce il nome di Cristo (XRISTO) appare iscritto sul fondo della coppa nella venatura della pietra. Questa è probabilmente la ragione del perché si ritenne che essa fosse il Santo Graal.

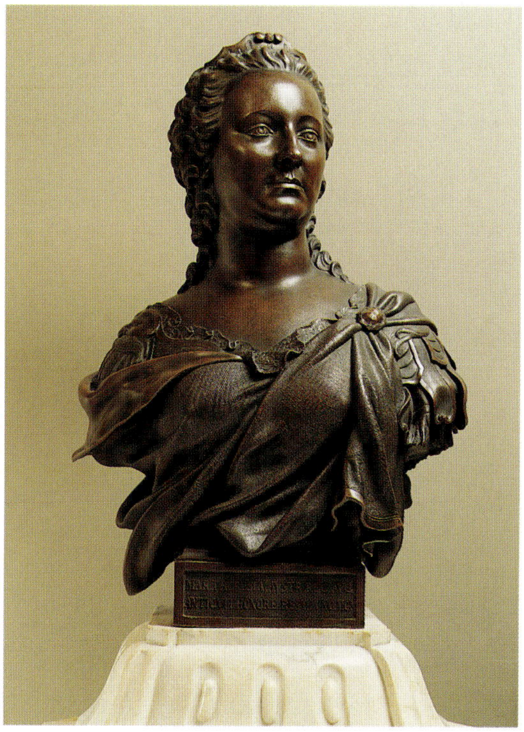

Imperatrice Maria Teresa (1717-80)
Matthäus Donner (1704-56), Vienna, 1750.
Bronzo patinato bruno, marmo;
Altezza 68 cm
(n. inv. KK 6142)

Il busto fu installato in una nicchia a muro nel 'Gabinetto delle medaglie' della Tesoreria nel 1750. L'iscrizione sulla base celebra Maria Teresa come Juno Moneta, 'perché seppe ristabilire l'onorato ruolo dell'antichità'. Da qui il vestito di foggia antica. Era stata Maria Teresa a far riorganizzare la Tesoreria.

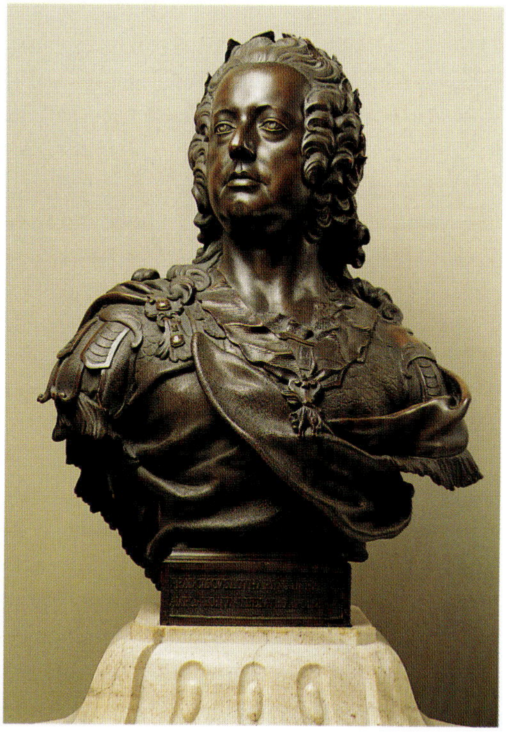

Imperatore Francesco Stefano I di Lorena (1708-56)
Matthäus Donner (1704-56), Vienna, 1750.
Bronzo patinato bruno, marmo;
Altezza 69 cm
(n. inv. KK 6143)

Pezzo coordinato al busto di Maria Teresa, anch'esso sistemato in una nicchia nel 'Gabinetto delle medaglie'. L'iscrizione onora Francesco Stefano come Apollo Monetarius, perché aveva arricchito il tesoro delle monete. Entrambi i busti sono firmati e datati sul lato sinistro della base. I lavori preparativi si trovano nelle collezioni della Zecca Nazionale di Vienna.

Il Sacro Romano Impero

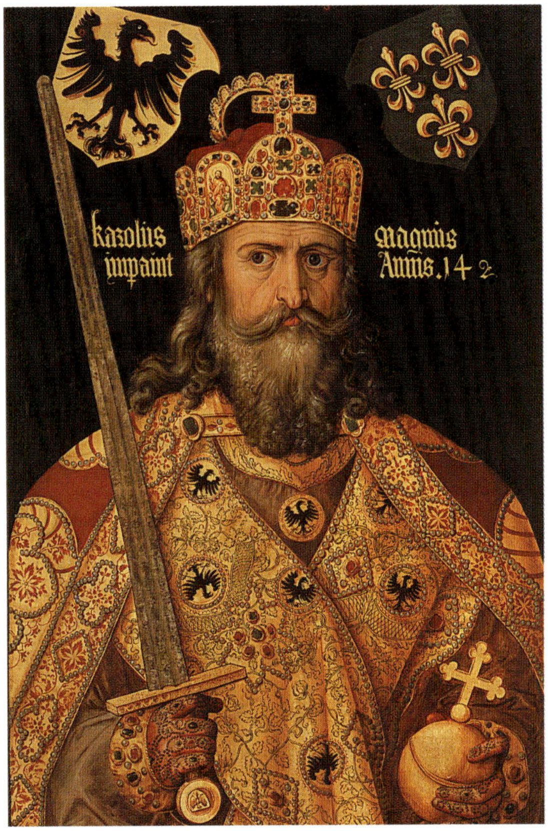

Imperatore Carlo Magno
Copia dall'Albrecht Dürer ritratto ideale a Norimberga
Norimberga, 1600 circa.
Olio su tela;
209 x 119,5 cm
(n. inv. GG 2771)

Carlo Magno era considerato il fondatore del Sacro Romano Impero e, anacronisticamente, mostra tutte le insegne regali. Le insegne e il parato che Dürer studiò a Norimberga per i suoi dipinti erano stati fatti erroneamente risalire a Carlo Magno.

Le insegne e i gioielli del Sacro Romano Impero possono essere considerati uno dei più grandi 'monumenti' della storia europea. Essi sono il simbolo di un'idea di governo che cominciò con Carlo Magno nell'800 e durò fino al 1806, quando l'imperatore Francesco II fu costretto a sciogliere l'Impero a causa della schiacciante superiorità di Napoleone. Almeno per i popoli medioevali, il Sacro Romano Impero aveva rappresento la continuazione dell'Impero Romano secondo la legge di Cristo. Questo spiega perché le insegne secolari sono ricche di allusioni ecclesiastiche e teologiche, e perché ci sono così tante importanti reliquie fra i gioielli. Queste ultime agiscono come garanzia per il diritto di sovranità sulla terra. Cristo l'aveva inaugurato con il suo sacrificio sulla croce e l'Imperatore era ora suo rappresentante.

Due reliquie particolarmente significative erano il grande Frammento della Croce e la Santa Lancia, nella quale, secondo la tradizione, un chiodo della croce di Cristo era stato incorporato. La seconda era stata probabilmente donata da papa Adriano a Carlo Magno nel 774. Il regalo rimandava a Costantino Magno e il passaggio di questo simbolo del potere creava un legame tra l'Impero Romano e il più tardo Sacro Romano Impero. Questo regalo e l'incoronazione che seguì nell'anno 800, fecero sì che Carlo Magno, come primo imperatore occidentale, fosse rispettato in modo particolare.

Tre oggetti, che secondo la tradizione venivano dalla tomba di Carlo Magno, furono considerati come reliquie. La loro presenza alle successive incoronazioni veniva usata come manifesto segno di legittimazione e di diretta tradizione del potere dal primo imperatore occidentale fino a quello che ci si accingeva a incoronare.

Il nuovo imperatore prestava il suo Giuramento di Incoronazione sull'evangeliario imperiale carolingio, manoscritto in oro su cremisi. La borsa di Santo Stefano (probabilmente un reliquiario di origine di Reims del IX secolo) contenente terra intrisa di sangue del proto-martire Stefano, era contenuta nel sedile del trono.

Durante la sua incoronazione l'imperatore ricevette la 'Sciabola di Carlo Magno', opera proveniente dall'Europa orientale e risalente agli inizi del X secolo.

L'oggetto di primaria importanza era, tuttavia, la corona, che fu probabilmente realizzata per l'incoronazione dell'imperatore Ottone il Grande nel 962 o per quella a co-reggente di suo figlio Ottone II nel 967, presso l'atelier di oreficeria dell'abbazia benedettina a Reichenau, nella regione del Lago di Costanza, oppure a Milano. Attraverso un complesso piano teologico la corona simboleggia anche il carattere trascendente che era proprio della sovranità terrena durante il Medio Evo. La Gerusalemme celeste era immaginata con pianta ottagonale. I dodici grandi gioielli sulla parte frontale rappresentano i dodici apostoli, corrispondenti alle dodici tribù di Israele nel Vecchio Testamento. Le quattro placche smaltate illustrano, nella loro iconografia, la liturgia dell'incoronazione. La fascia circolare deriva dalle corone dell'Impero Romano Bizantino d'Oriente, con il quale c'era uno stretto rapporto all'epoca degli Ottoni.

L'arco sulla sommità allude ad analoghi archi ricoperti di piume, sugli elmi dell'Impero Romano. A causa di questi molti riferimenti nacque una corona dalla forma unica e caratteristica, chiaramente distinta da ogni altra corona occidentale.

I vestimenti per l'incoronazione che vanno assieme ai gioielli dell'impero sono anch'essi unici. A parte la dalmatica delle aquile e la stola, i vestiti per l'incoronazione furono confezionati principalmente da artisti arabi nel XII e XIII secolo per i re Normanni di Sicilia. Essi furono ereditati da Federico II di Hohenstaufen, che poi li aggiunse al tesoro imperiale.

Fatta eccezione per i tre oggetti speciali conservati nella cattedrale di Aquisgrana, le insegne e i gioielli del Sacro Romano Impero erano all'immediata disposizione dell'imperatore e conservati da lui nelle fortezze sotto il suo dominio.

Nel 1424, l'imperatore Sigismondo fu il primo a rompere con questa tradizione e a mettere il tesoro imperiale sotto la custodia della libera città di Norimberga, per proteggerlo dagli Ussiti. Con le conquiste di Napoleone, nel 1796 i gioielli imperiali furono trasferiti per essere messi in salvo dalle truppe francesi in avvicinamento. Su ordine di Francesco II, ultimo imperatore del Sacro Romano Impero, essi furono dati in custodia al tesoreria imperiale di Vienna, e lì rimasero fino a che Hitler non li fece trasportare a Norimberga nel 1938.

Dopo la fine della Seconda Guerra Mondiale essi furono restituiti all'Austria, la cui antica dinastia aveva annoverato una ventina di sovrani, fra re e imperatori romani.

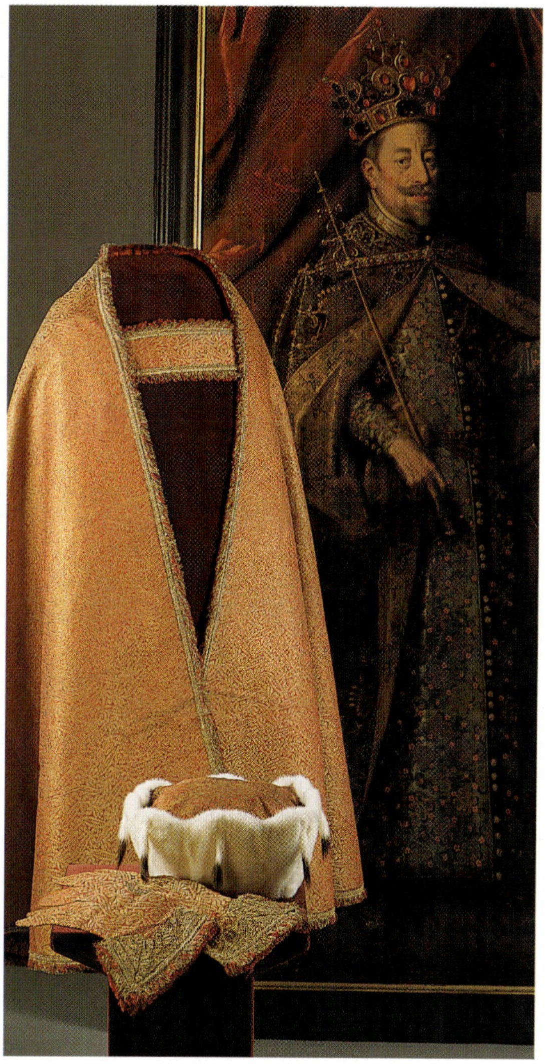

Paramento del reale principe elettore boemo
Vienna o Praga, prima della metà del XVII secolo.
Tessuto: italiano, secondo quarto del XVII secolo.
Seta, oro, ermellino;
Altezza 131 cm, diametro 270 cm
(n. inv. XIV 122)

Sullo sfondo, dipinto di Hans von Aachen (1522-1615) e il suo laboratorio: l'imperatore Mattia (1557-1619) come re di Boemia, a figura intera.

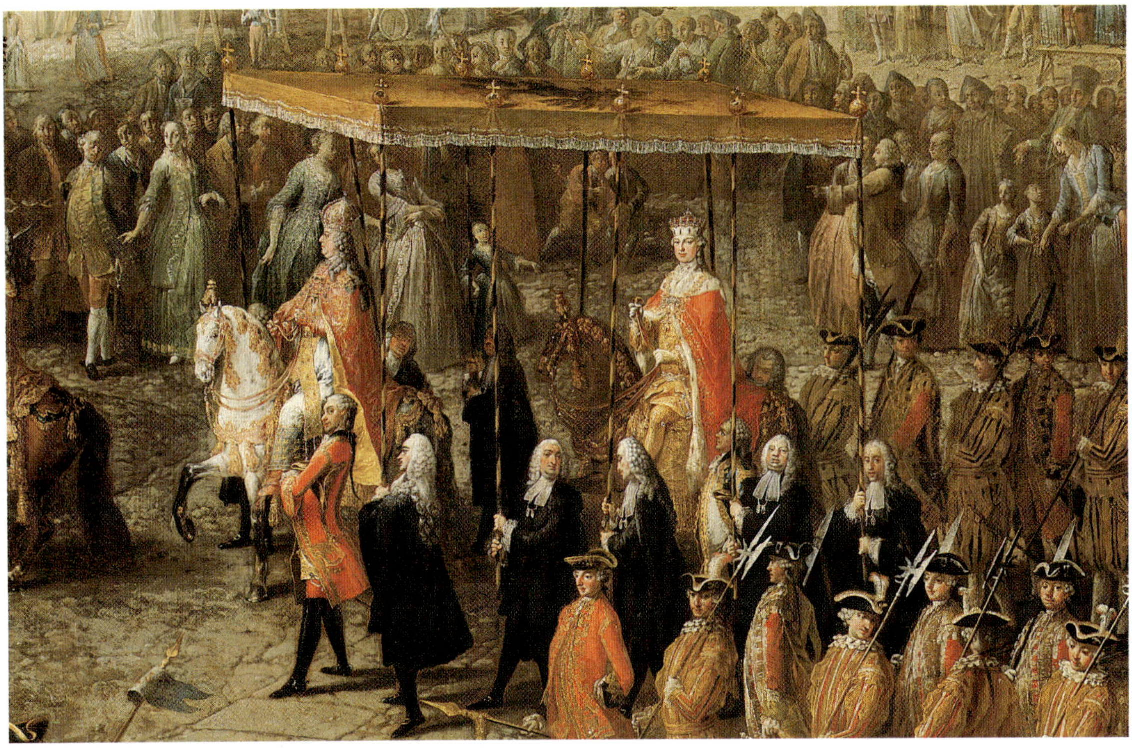

Corteo per l'incoronazione di Giuseppe II sul Römerberg a Francoforte nel 1764, dettaglio
Atelier di Martin van Meytens il Giovane.
(Johann Dallinger di Dalling, 1741-1806 e altri), Vienna.
Olio su tela;
358 x 412 cm
(n. inv. GG 7466)

Il dipinto appartiene a una serie di sei grandi quadri che si trovavano originariamente nel castello di Schönbrunn.
Il dettaglio mostra i due regnanti sotto il baldacchino portato dai consiglieri di Francoforte. L'imperatore Francesco I Stefano di Lorena cavalca davanti agli altri, indossando copie degli antichi vestiti per l'incoronazione e la corona di Rodolfo II. Dietro di lui cavalca il figlio Giuseppe col vestito arciducale e relativa corona arciducale, realizzata per questa occasione. Le antiche insegne imperiali erano portate nel corteo dai detentori delle cariche ereditarie. Questa incoronazione del 3 aprile 1764 fu documentata per la posterità da Johann Wolfgang von Goethe, che assistette ad essa stando nel Römer (il municipio di Francoforte) e la descrisse nel *Dichtung und Wahrheit* (Parte 1, Libro 5).

Incoronazione di Giuseppe II a re dei Romani nella chiesa di San Bartolomeo a Francoforte sul Meno, dettaglio
Atelier di Martin van Meytens il Giovane
(Johann Dallinger di Dalling, (1741-1806) e altri), Vienna.
Olio su tela;
362 x 295 cm
(n. inv. GG 7468)

L'arcivescovo di Mainz, accompagnato dagli arcivescovi di Colonia e Trier, incorona Giuseppe II con la corona imperiale. Gli ambasciatori dei principi elettori laici sono in piedi alle spalle di Giuseppe.

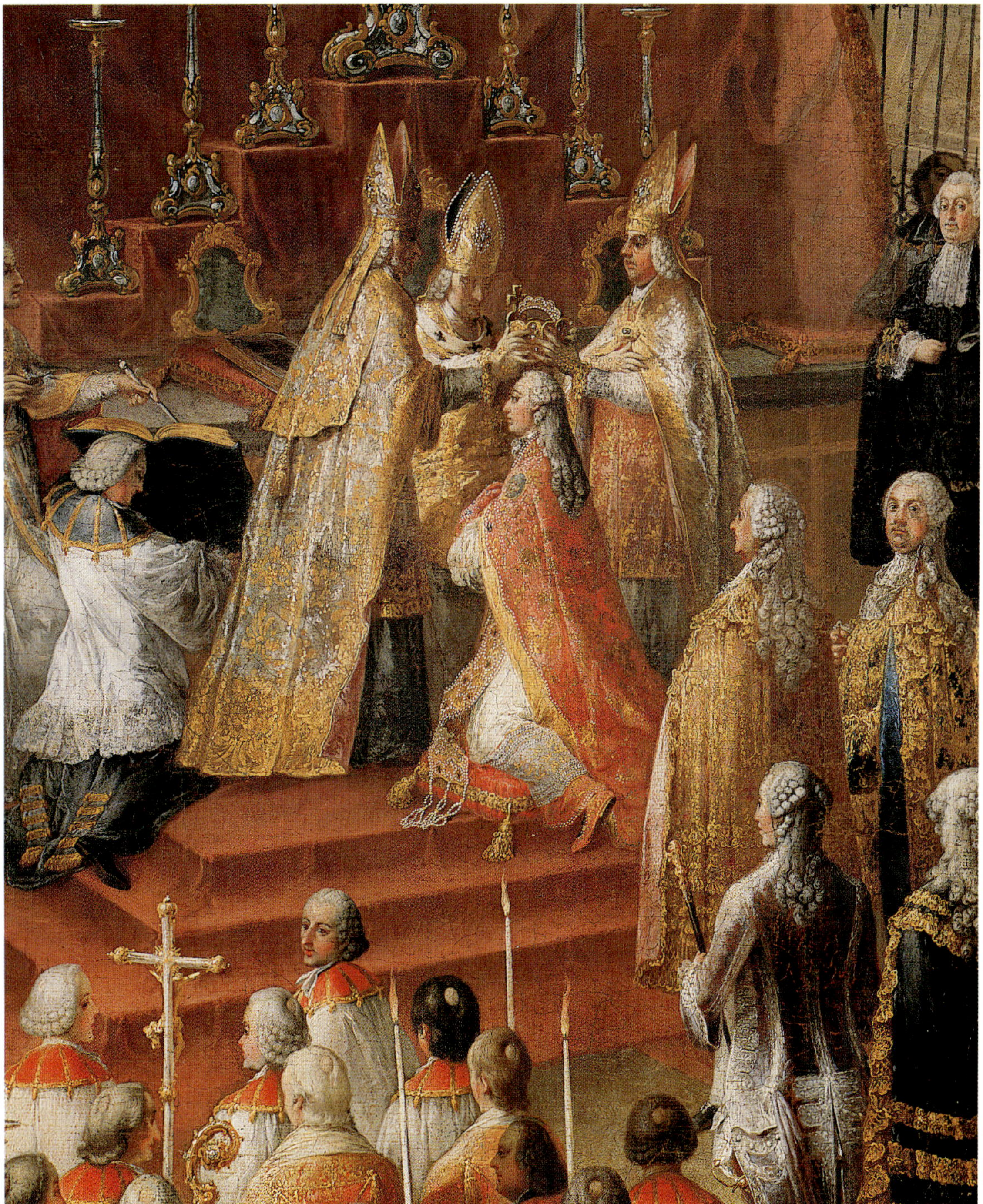

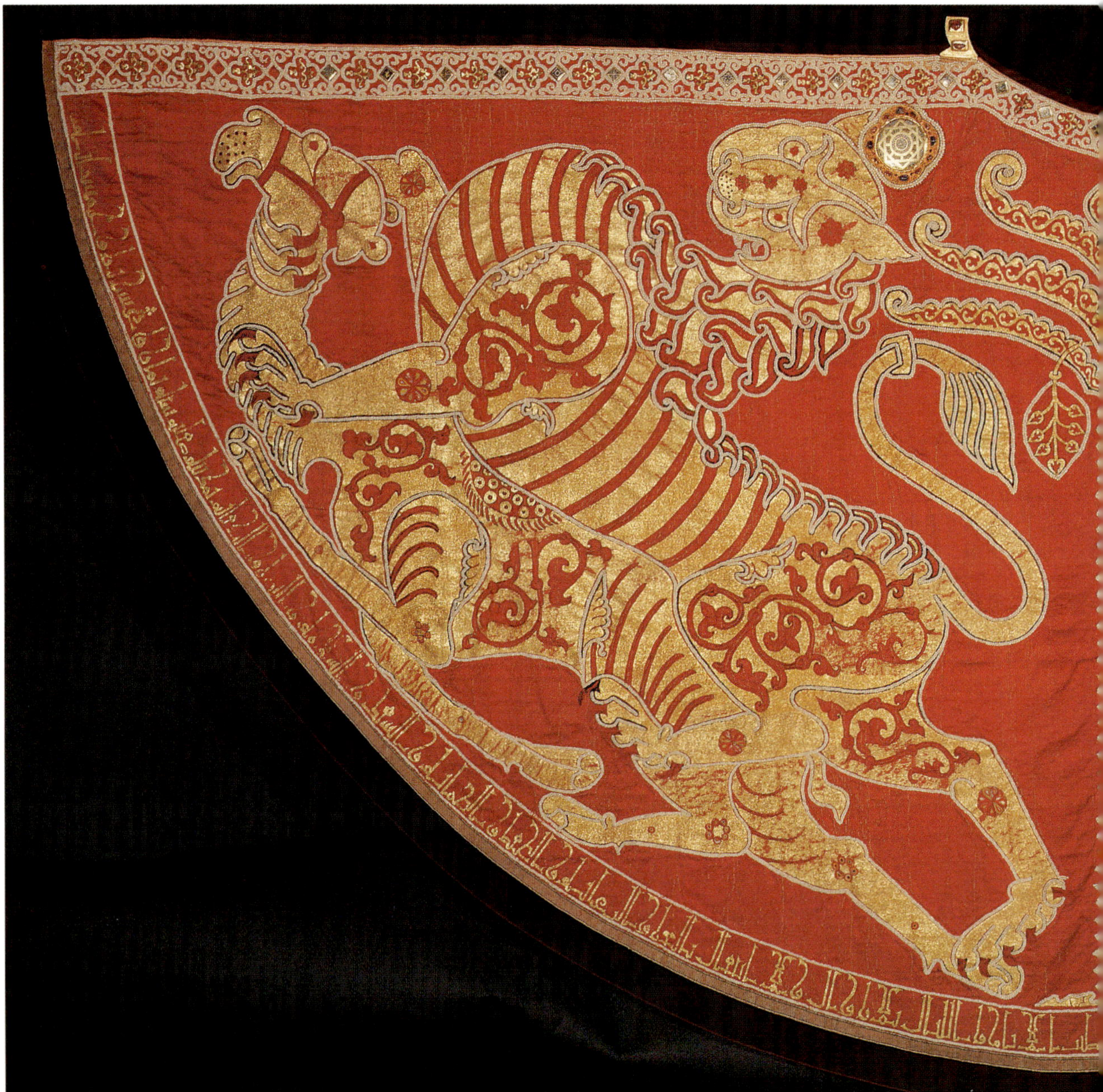

Manto per l'incoronazione
Regio opificio di corte, Palermo, 1133-34.
Seta, oro, perle, smalto cloisonné, rubini, spinelli, zaffiri, granati, vetro;
Larghezza 345 cm, altezza 146 cm
(n. inv. XIII 14)

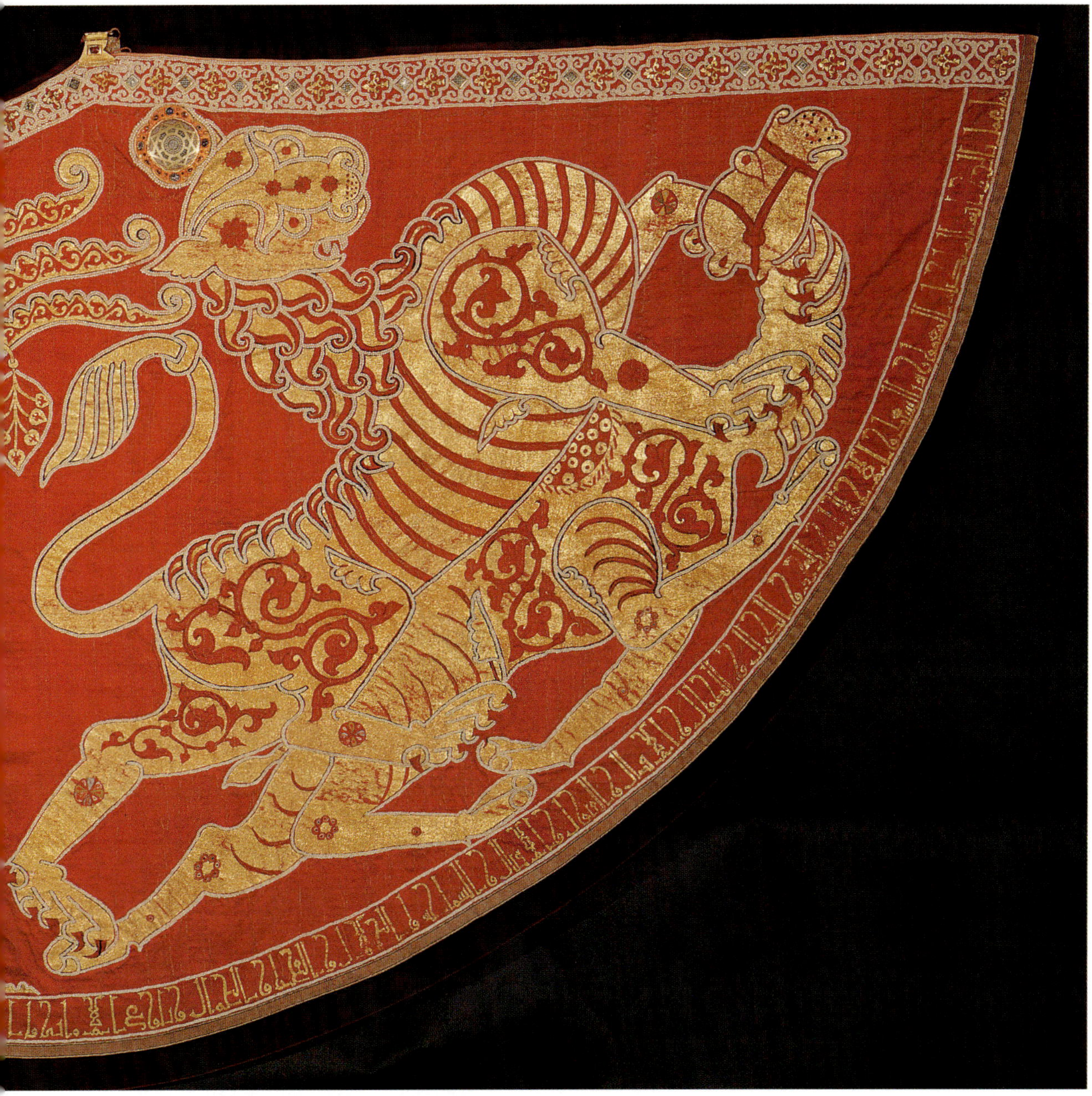

Come ci informa l'iscrizione cufica sull'orlo semicircolare, il mantello fu confezionato alla corte di re Ruggero II (1097/1130-1154) a Palermo, nell'anno 528 (secondo l'egira islamica), ossia il 1133 o il 1134. Gli artisti islamici decoravano lo sciamito rosso con antichi simboli del potere in ricami d'oro, bordati con doppi fili di perle. Nel mezzo si trova l'albero della vita e su entrambi i lati c'è un possente leone dorato che trionfa su un cammello. L'orlo diritto è decorato con trenta piccole piastrine in smalto cloisonné e un magnifico ricamo con perle.

Sulla testa di ciascun leone c'è una piastra in smalto cloisonné a quadrifoglio. Le piccole rose sulle teste dei leoni e sulle zampe potrebbero simboleggiare le stelle, ciò rientrerebbe nella tradizione di vestire il sovrano con un manto celeste.

Nel 1194 il mantello , con l'alba e la tunicella blu passarono agli Hohenstaufen in eredità, come parte del tesoro dei re normanni. Dopo la sua incoronazione a Roma, nell'anno 1220, il re Federico II doveva aver aggiunto i vestiti al tesoro di stato. Insieme alle altre insegne, essi furono menzionati per la prima volta in Germania nel 1246, nell'inventario fatto in occasione del loro passaggio a Corrado IV, presso il Castello di Trifels nella Renania-Palatinato.

L'adozione di vestiti provenienti dal passato di un altro paese e in particolare il manto per l'incoronazione con i suoi impressionanti motivi provenienti da una cultura estranea, simboleggiano il carattere sovranazionale del Sacro Romano Impero.

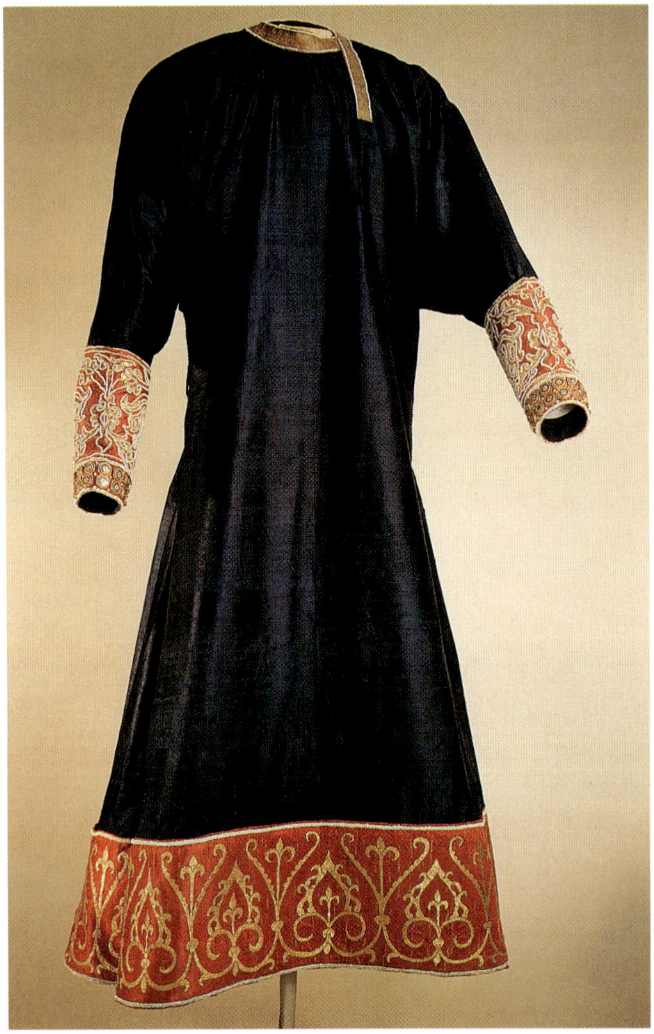

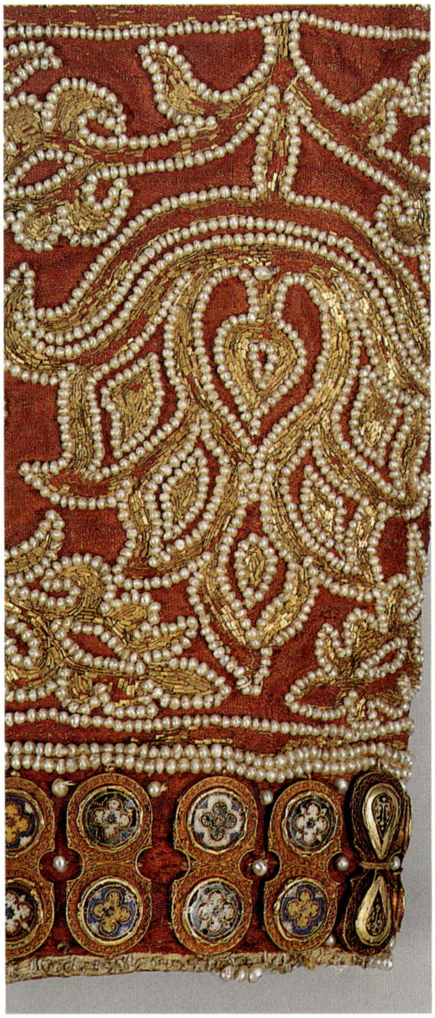

Tunicella blu (dalmatica)
Dettaglio: manica
Palermo, regio opificio di corte, prima metà del XII secolo.
Sciamito, ricami in oro, smalto cloisonné, filigrana d'oro, perle;
Lunghezza 141,5 cm, larghezza all'orlo 171,5 cm
(n. inv. XIII 6)

La somiglianza del ricamo in oro con quello del manto dell'incoronazione ci consente di dedurre che esso fu creato all'incirca nello stesso periodo di quest'ultimo. Il colore del sciamito non fu ottenuto con l'uso di porpora, come si era dapprima pensato, ma utilizzando l'indaco. Le piccole palme sulle maniche, ottenute con fili di perle, sono riempite con piccole cannule d'oro infilate, una tecnica che non si è rinvenuta sino ad oggi in alcun altro luogo. Lo smalto cloisonné sull'orlo è stilisticamente molto simile a quello del manto dell'incoronazione.

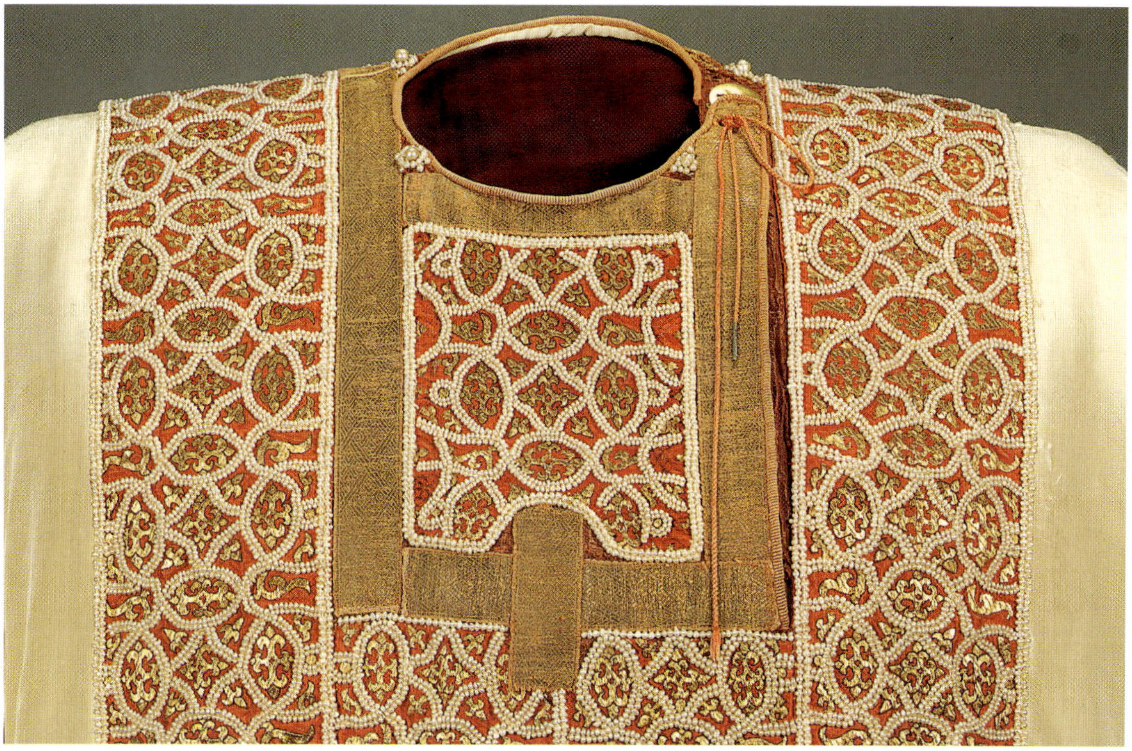

Alba
Dettaglio: ornamenti sul petto
Palermo, regio opificio di corte, 1181 con aggiunte successive.
Seta, ricami in oro, perle, smeraldi, zaffiri, ametiste, spinelli, granati, opali;
Altezza 154 cm, larghezza all'orlo, 127 cm
(n. inv. XIII 7)

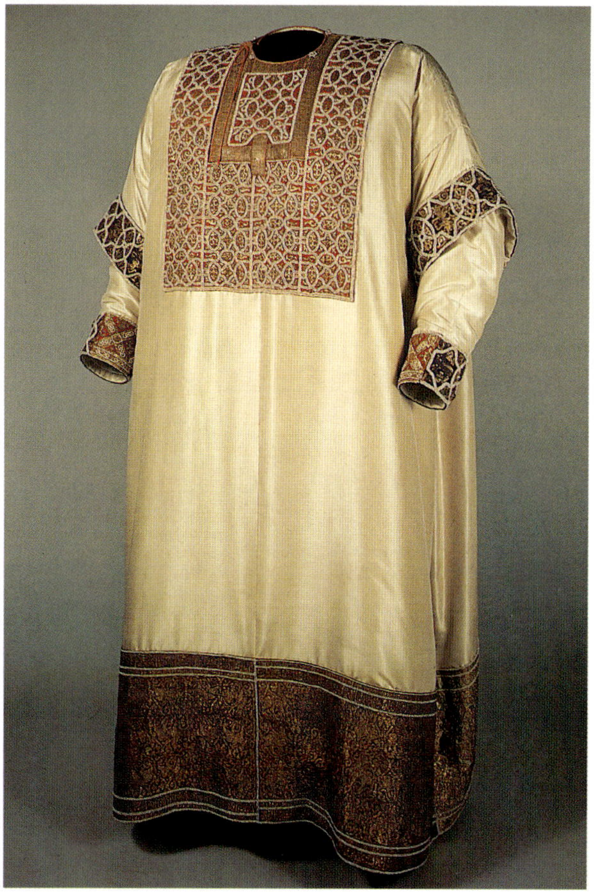

Ci sono iscrizioni latine e arabe sul bordo del largo orlo in basso, esse ci dicono che il vestito fu realizzato a Palermo, sotto re Guglielmo II (1153/1166-1189), nel 1181. Il magnifico ornamento sul petto, che si sovrappone a un precedente disegno, fu probabilmente fatto aggiungere dall'imperatore Federico II.
A differenza dell'alba liturgica, l'alba era originariamente un indumento esterno reale.

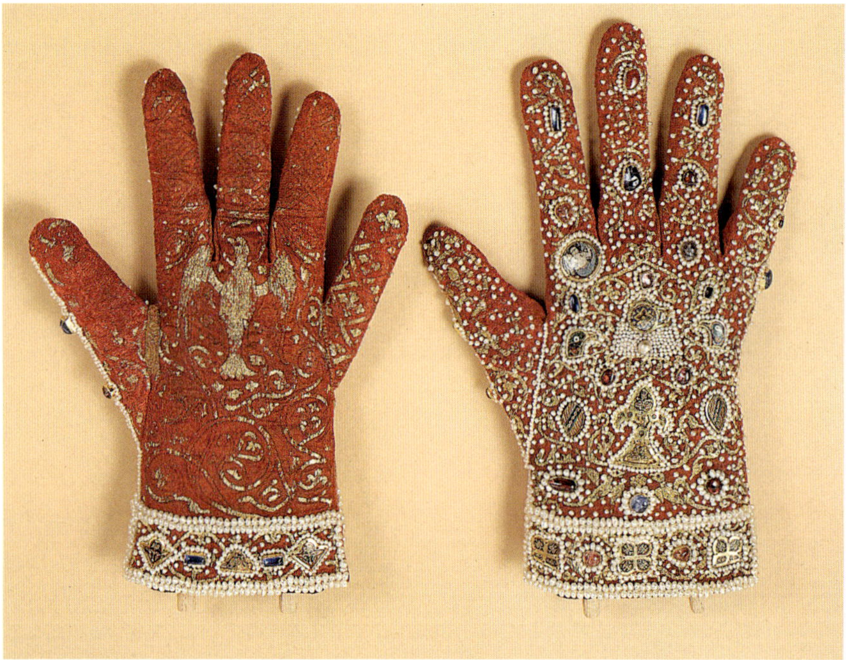

Guanti
Palermo, prima del 1220.
Velluto rosso, ricami in oro, oro applicato con smalto cloisonné, perle, rubini, zaffiri, ametiste, granati, spinelli, corindoni;
Lunghezza 26,3 e 27,7 cm
Larghezza in apertura 12 cm
(n. inv. XIII 11)

Sul palmo si trova l'aquila nimbata Hohenstaufen.
I guanti furono probabilmente commissionati da Federico II per la sua incoronazione a Roma il 1220.

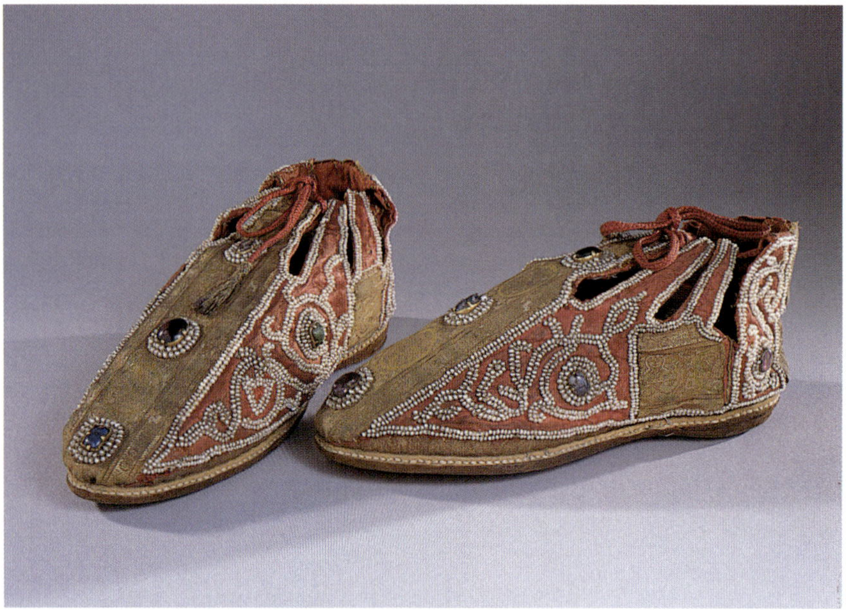

Scarpe
Germania, primo quarto del XVII secolo.
Armatura a cartoni: Palermo, XII-XIII secolo.
Sciamito rosso, armatura a cartoni con fili in oro, perle, ametiste, zaffiri, smeraldi, axinite antica;
Suola: vacchetta;
Altezza 10,8 cm,
Suole: lunghezza 25,8 , larghezza 25,6 cm
(n. inv. XIII 13)

La foggia è del XVII secolo. L'interessante decorazione è probabilmente una variante di quelle tipiche delle scarpe siciliane.

Dalmatica delle aquile
Dettaglio: busto di un re
Sud della Germania, 1330-40 circa.
Stoffa: Cina, 1300 circa.
Damasco rosso di seta diagonale, ricami in seta e oro, piccole axiniti;
Lunghezza: fronte 165 cm;
retro: 160 cm
Larghezza all'orlo 138 cm
(n. inv. XIII 15)

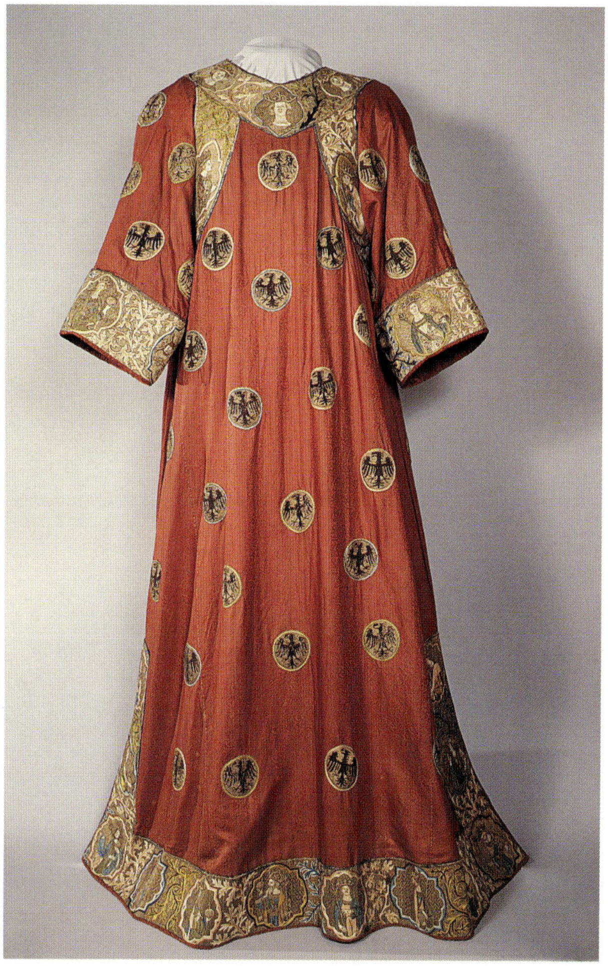

Il motivo del tessuto mostra il nastro a nuvola cinese. I sessantotto medaglioni con aquile sono cuciti sul tessuto. Il bordo del collo è decorato con il busto di sei sovrani. Gli altri bordi sono ornati con 34 medaglioni a quadrifoglio, incisi con busti di re ed imperatori, a mezza figura, che non sono ancora stati identificati. Come la stola, realizzata nella stessa epoca, la dalmatica delle aquile potrebbe essere stata confezionata per Ludovico di Baviera (che regnò dal 1314 al 1347). Essa per la prima volta viene menzionata in un atto di successione del 1350. Non si sa se venisse usata per le incoronazioni, ma un disegno del 1510 di Albrecht Dürer raffigura Carlo Magno vestito della dalmatica delle aquile, della stola e del manto imperiale.

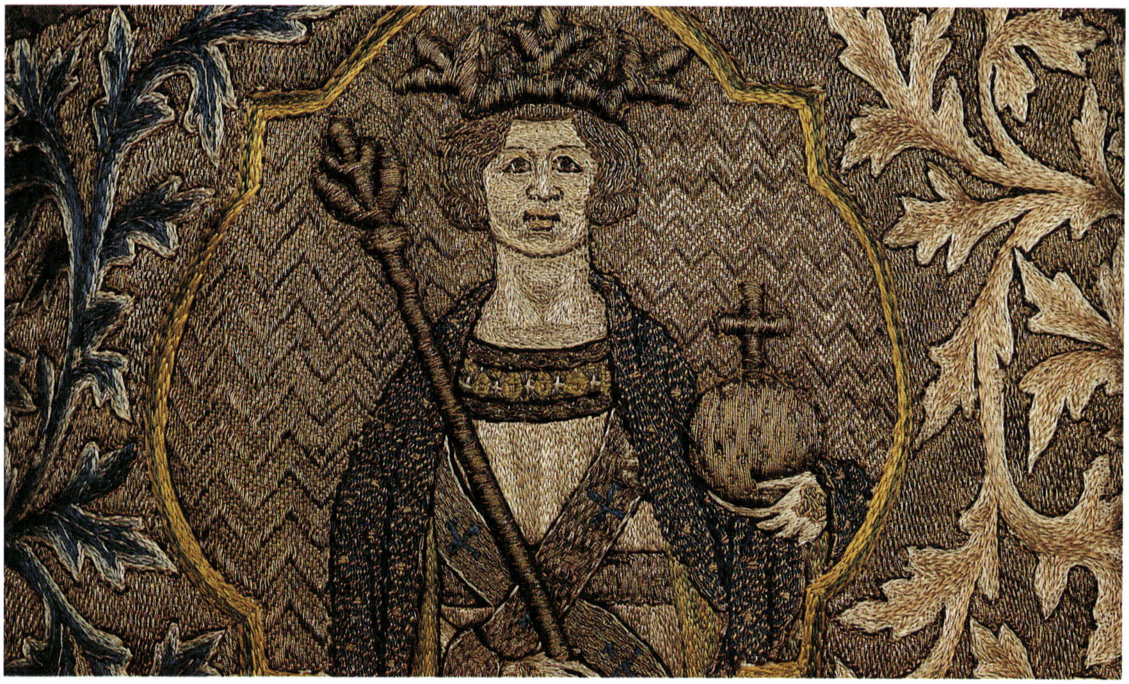

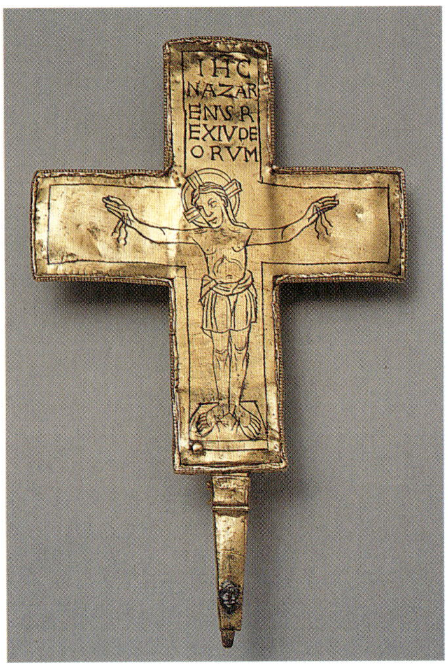

Corona imperiale, croce frontale, retro

La croce sopra la placca frontale risale all'epoca di Enrico II (che regnò dal 1002 al 1024). Sul lato in vista la croce ornata di gemme che arreca vittoria. Il retro mostra il Redentore sanguinante sulla croce, che è allo stesso tempo vincitore sulla morte. La corona imperiale raffigura un programma cristologico. L'imperatore regna come rappresentante di Cristo, dal quale deriva il suo potere e al quale dovrà rispondere per i suoi atti. 'E' in mio nome che regnano i re' è scritto sulla placca smaltata con Cristo sul trono.

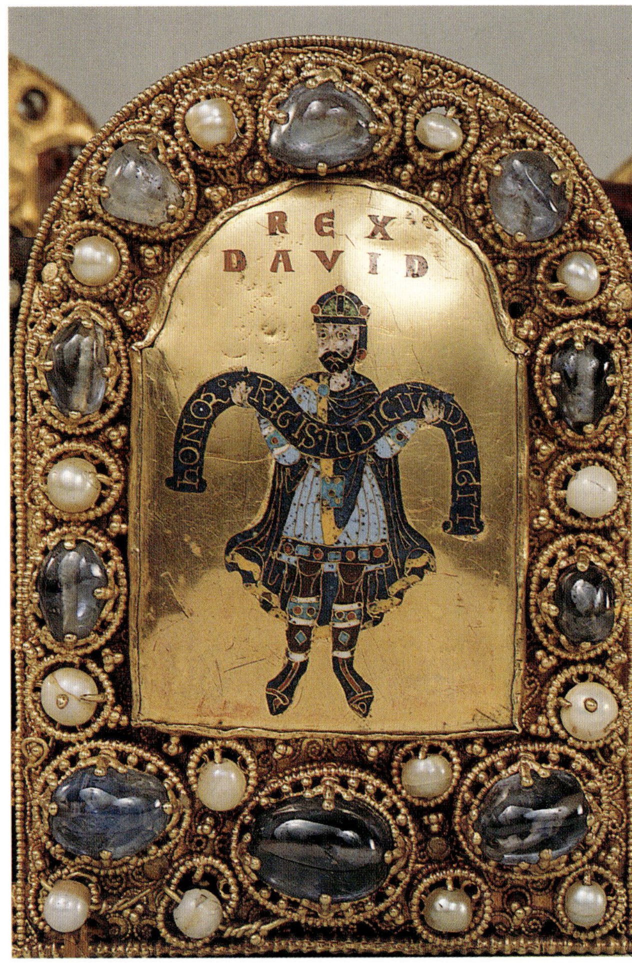

Corona imperiale, dettaglio: placca smaltata con re Davide

L'iscrizione reca il verso di un salmo 'Honor regis iudicium diligit (L'onore del re segue la rettitudine)'. Davide è preso ad immagine del re giusto.
Le placche smaltate illustrano le più importanti virtù del sovrano. L'artista, del periodo degli Ottoni, lavorò evidentemente sotto l'influenza bizantina.

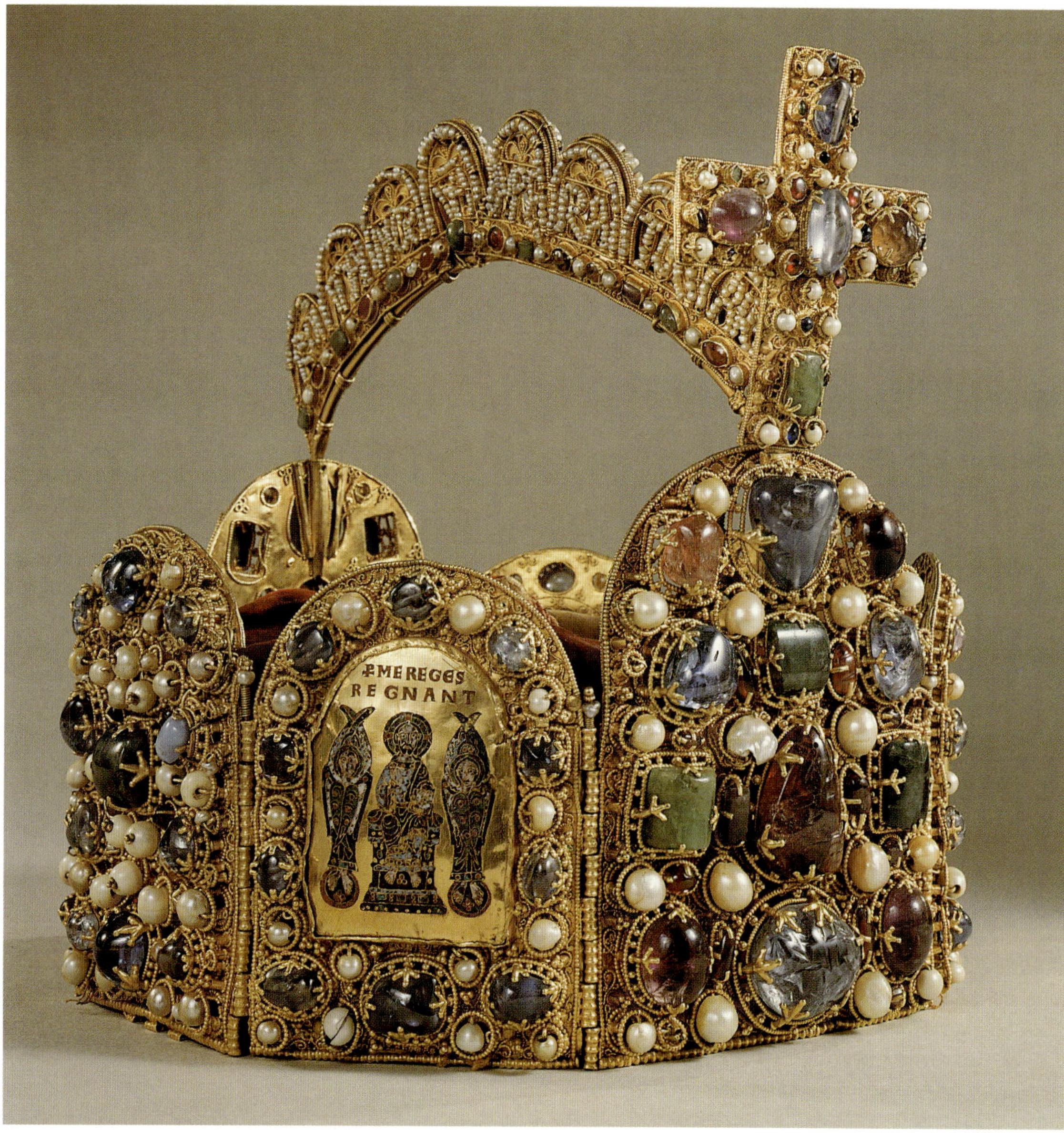

Corona imperiale
Germania orientale o Milano, seconda metà del X secolo, la croce frontale è degli inizi del XI secolo, l'archetto superiore dell'epoca di Corrado II (1024-1039), copricapo in velluto rosso del XVIII secolo.
Oro, smalto cloisonné, pietre preziose, perle;
placca frontale: altezza 14,9 cm, larghezza 11,2 cm
(n. inv. XIII 1)

La forma fondamentale dell'ottagono ha ispirato molte forme di rappresentanza imperiale (ad esempio la Cappella Palatina di Aquisgrana). Le quattro placche principali sono fittamente tempestate di pietre preziose. Le dodici pietre sulla placca frontale simboleggiano i dodici apostoli, la Nuova Alleanza; le dodici gemme sulla placca nucale, rappresentano le dodici tribù di Israele, la Vecchia Alleanza. I re Ottoni vedevano se stessi come successori degli apostoli e degli alti sacerdoti. Le quattro placche smaltate mostrano Cristo con due serafini, re Davide, re Salomone e re Ezechia con il profeta Isaia. Le iscrizioni spiegano il loro rapporto con il re; esse fanno riferimento alla grazia di Dio, alla giustizia, alla sapienza e al timore di Dio, e alla lunga vita che fa pace e regola per il popolo. L'archetto superiore imperiale dalla fronte alla nuca reca il nome di Corrado II, scritto con perle. L'occasione per la realizzazione della corona pare sia stata l'incoronazione di Ottone il Grande nel 962 o quella del figlio come co-imperatore nel 967.

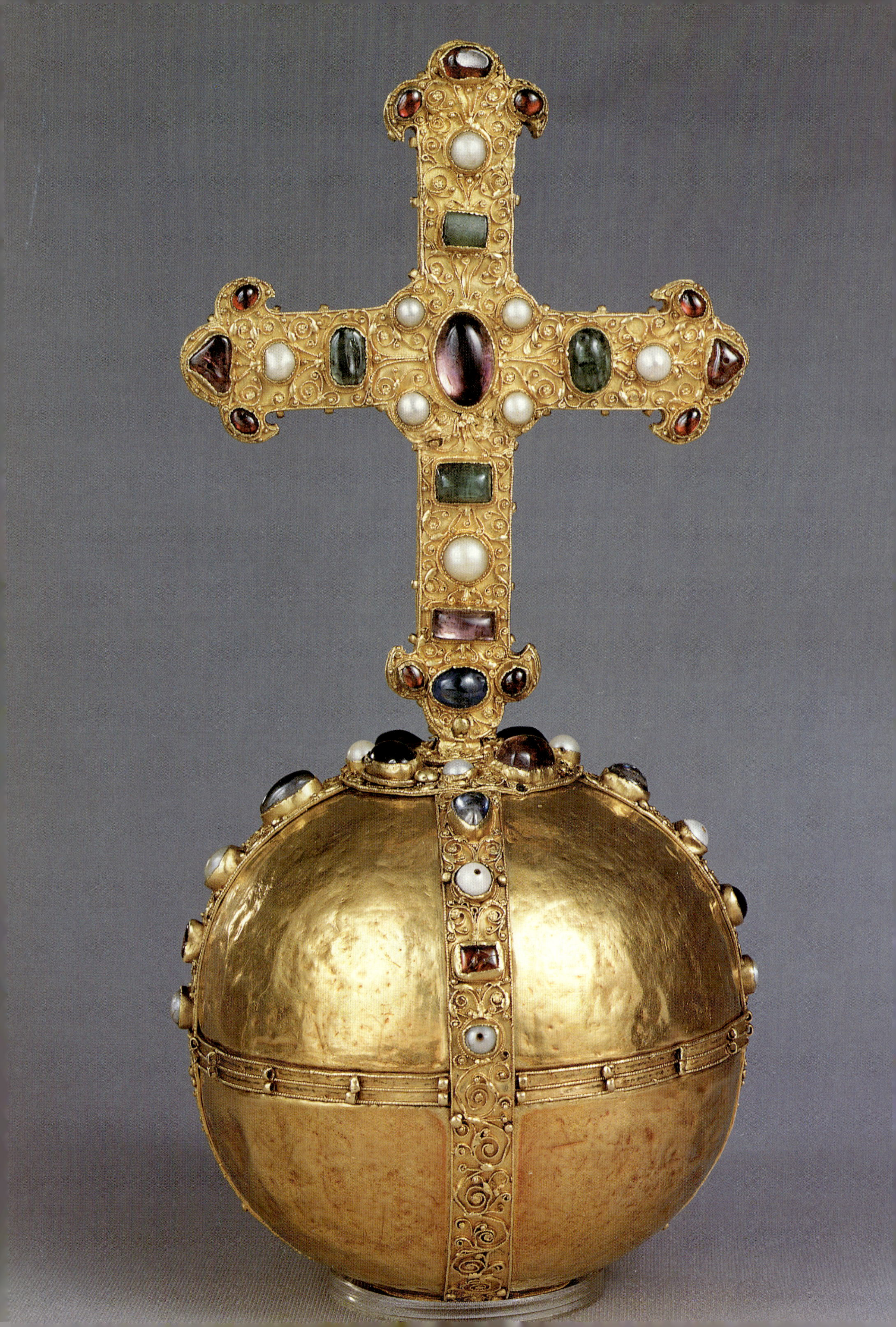

Globo imperiale
Colonia (?), 1200 circa.
Oro, pietre preziose, perle;
Altezza 21 cm
(n. inv. XIII 2)

Il globo imperiale degli Hohenstaufen si inserisce in una lunga tradizione discendente dall'antichità. La sfera rappresenta il mondo e perciò il governo del mondo. Conseguentemente alla vittoria della cristianità, la croce su di esso si riferisce a Cristo Cosmocrate (il sovrano del cosmo). L'imperatore regna come suo rappresentante.

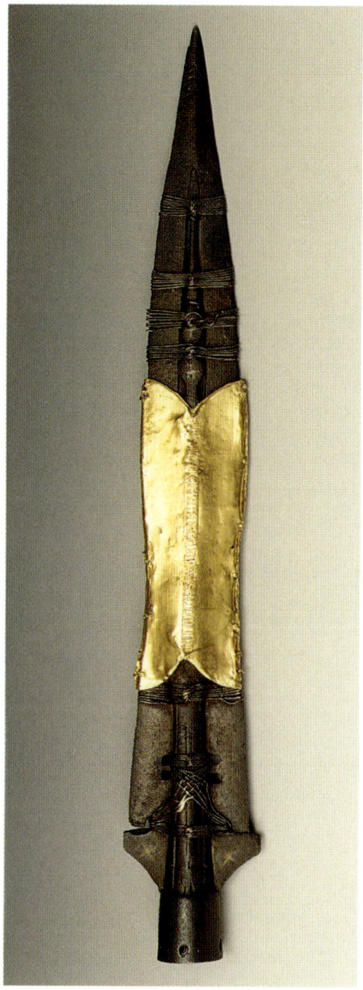

Santa Lancia
Carolingia, VIII secolo.
Acciaio, ferro, ottone, argento, oro, pelle;
Lunghezza 50,7 cm
(n. inv. XIII 19)

Nela lancia carolingia lo spigolo mediano è stato sostituito da un chiodo di ferro che reca tre protuberanze a forma di nodo. Tre croci di ottone si trovano nei nodi: indicherebbero tre frammenti di un chiodo della croce di Cristo, incastonati nel metallo. Nel XI secolo si credeva che il chiodo in ferro fosse il chiodo della Croce e che la lancia fosse appartenuta a San Maurizio (il Santo protettore del Sacro Romano Impero). Durante il XIII secolo divenne la Lancia Sacra con cui Longino aveva trafitto il costato di Cristo. La manica in oro sovrapposta nell'epoca di Carlo IV (che regnò dal 1346 al 1378) copre una rottura sulla lama della lancia. L'iscrizione recita 'Lancia e chiodo del Signore'. Sotto la dinastia degli Ottoni, la lancia divenne il simbolo del governo e del potere dell'impero. Ad essa si attribuiva il miracoloso potere dell'invincibilità. Essa era considerata la più importante delle insegne imperiali, addirittura più importante della corona. Si pensava che il potere della lancia fosse all'origine della vittoria di Ottone sugli ungheresi nel 955 (battaglia di Lechfeld) e sugli slavi. Era conservata nel braccio orizzontale della croce imperiale.

Reliquiario contenente frammento della croce e custodia
Montatura: Praga (?), dopo il 1350.
Legno di pino, oro;
Altezza 31,3 cm, larghezza 20,2 cm
Custodia in cuoio: Norimberga, 1517.
(n. inv. XIII 20, XIII 35)

La grande scheggia di legno ha un foro di chiodo che - questo era tenuto per certo - era intriso del sangue di Cristo; la reliquia era, perciò, particolarmente sacra. Con questa reliquia della sua sofferenza Cristo stesso protegge i sovrani. Essa fu conservata nella parte verticale della croce imperiale, fino a che Carlo IV non fece realizzare una montatura in oro a forma di croce, i cui lati sono dipinti in nero.

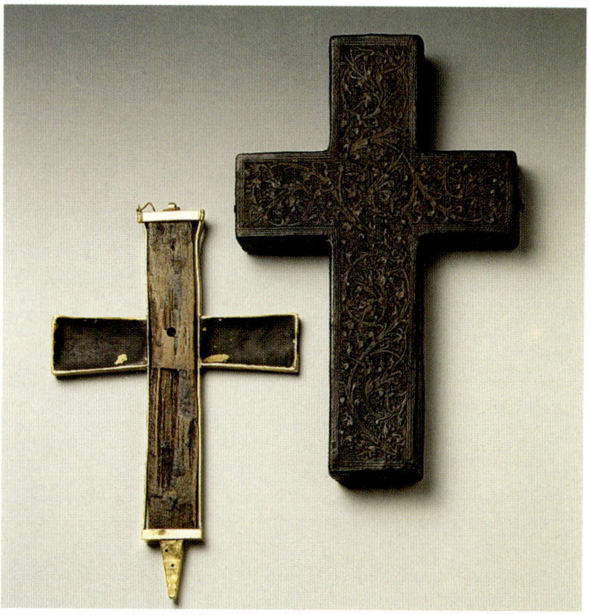

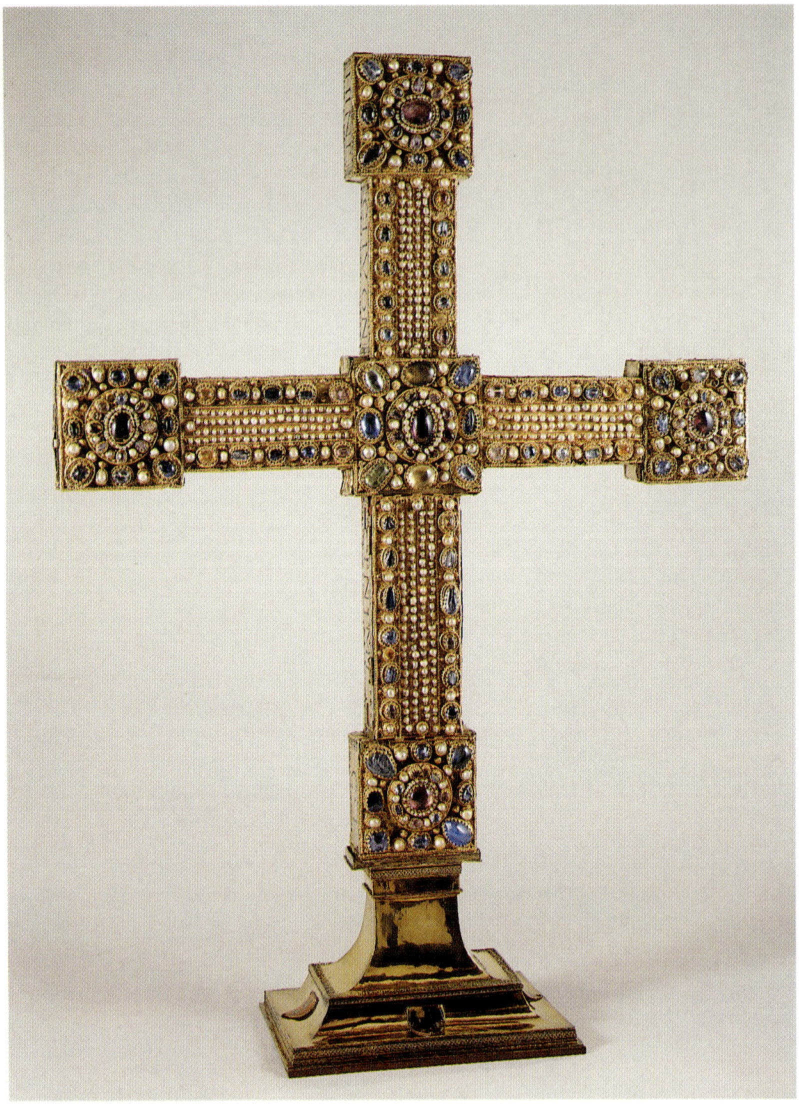

Croce imperiale
Dettaglio: parte centrale
Germania orientale, 1024-25 circa.
Piede della croce: Praga, 1352.
Quercia, ricoperta di stoffa rossa, oro, pietre preziose, perle, niello;
Piede della croce: argento dorato, smalto;
Altezza 95,2 cm, larghezza 70,8 cm
(n. inv. XIII 21)

La croce imperiale fu originariamente il reliquiario per le reliquie imperiali; negli incavi dell'anima lignea stavano la Santa Lancia (nel braccio orizzontale) e la particola della croce (nella parte verticale). Riccamente decorata con pietre preziose, essa era un simbolo di trionfo e di vittoria. La monumentale iscrizione sui suoi lati spiega il suo significato: 'Davanti a questa croce del Signore fuggano gli alleati dell'empio nemico; si pieghno dunque a te, Corrado, tutti gli oppositori' (Corrado I, 1024-39). Le gemme si innalzano su arcate di filigrana perlata, assumendo l'aspetto di piccoli edifici a cupola, osservabili soprattutto diagonalmente.

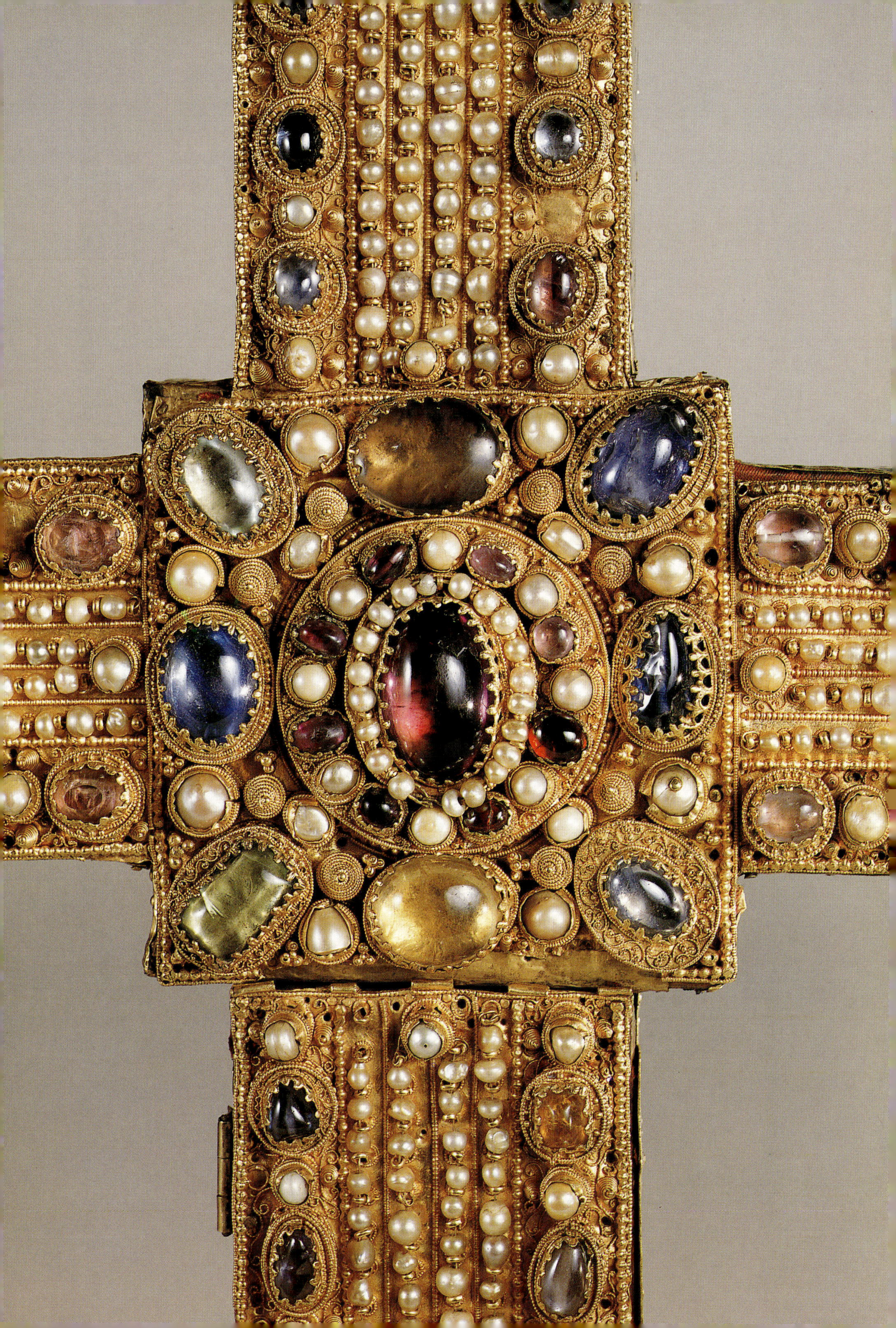

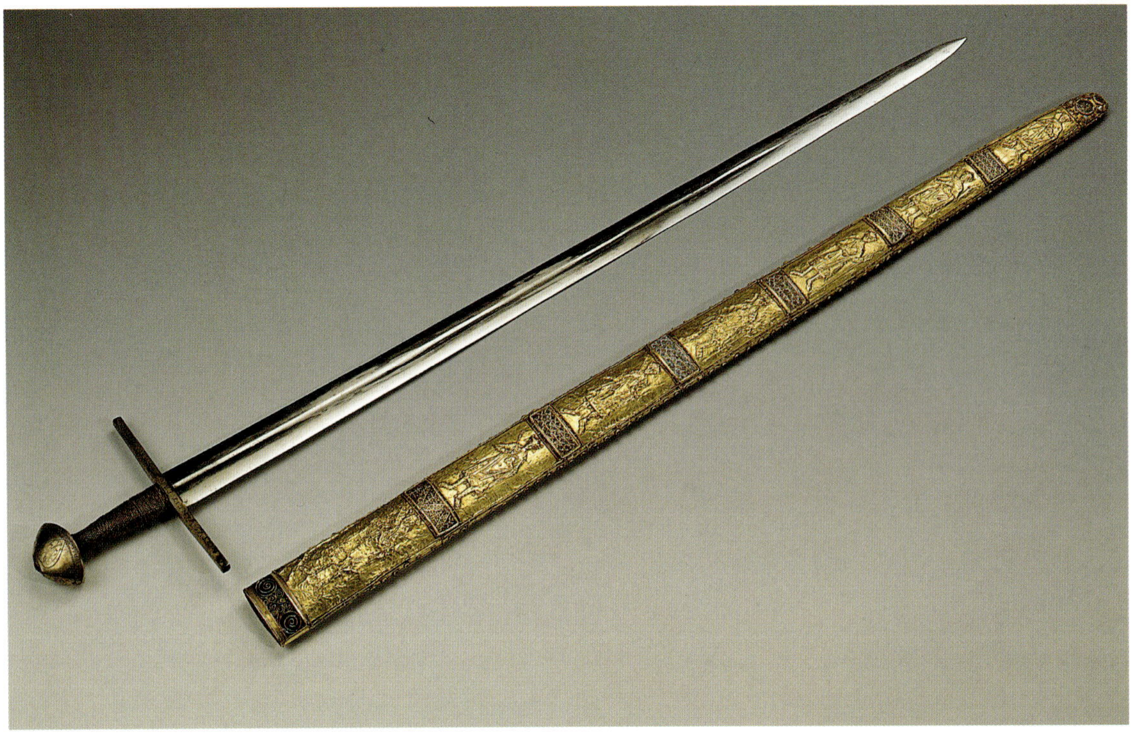

Spada imperiale (spada di San Maurizio)
Dettaglio: pannello
Fodero: Germania, secondo terzo del XI secolo.
Smalto bizantino o simil-bizantino,
legno d'ulivo platinato in oro, smalto, granati;
Spada: Germania, fra il 1198 e il 1218.
Lama in acciaio, pomo ed elsa lievemente dorati.
Impugnatura avvolta con filo d'argento;
Lunghezza 110 cm
(n. inv. XIII 17)

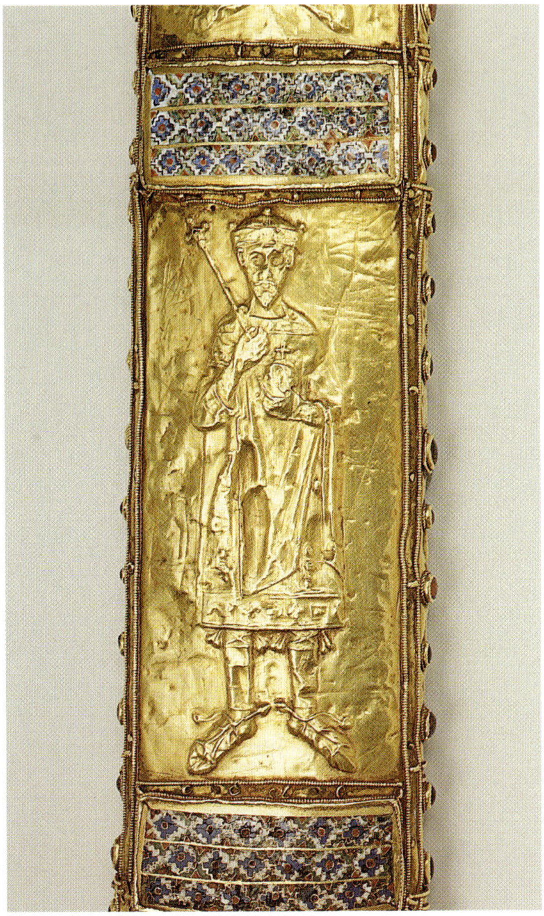

Sul pomo figurano l'aquila reale e le armi del re Ottone IV (1198-1218). Nell'iscrizione si legge: 'Lodato sia il Signore Iddio che istruisce la mano nel suo governo', mentre sulla barra a croce si legge 'Christus vincit, Christus regnat, Christus inperat' (sic). Figure di sovrani, ognuno con tanto di globo e scettro nelle mani, sono lavorate in oro sul fodero. Le immagini sono diritte quando la punta della spada è rivolta verso l'alto e rappresentano i quattordici re ed imperatori che regnarono da Carlo Magno a Enrico III (1039-56) compreso, al tempo del quale fu realizzato il fodero.

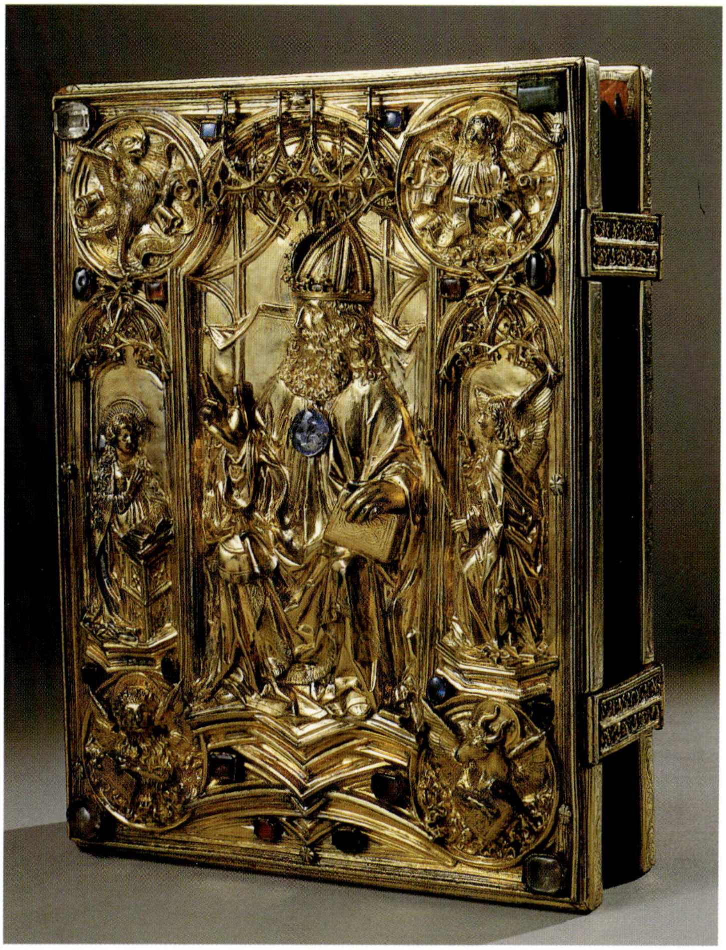

Evangeliario dell'incoronazione
Codice: corte di Carlo Magno, verso l'800.
236 pagine in pergamena tinte cremisi, inchiostro d'oro e d'argento, dipinti;
32,4 x 24,9 cm
Rilegatura: Hans von Reutlingen, Aquisgrana, 1500 circa.
Argento dorato, pietre preziose;
34,5 x 24,9 cm
(n. inv. XIII 18)

Il manoscritto è l'opera principale di una piccola serie di manoscritti realizzati alla corte di Carlo Magno dopo il 794, quando si era insediato ad Aquisgrana. Nella cerimonia di incoronazione a re il futuro sovrano prestava giuramento su questo evangeliario, toccando con un dito la pagina iniziale del vangelo di San Giovanni. Sulla rilegatura dell'evangeliario, Dio padre siede nel trono al centro, ai suoi lati stanno Maria e l'angelo dell'annunciazione. Negli angoli troviamo i medaglioni recanti i simboli dei quattro evangelisti.

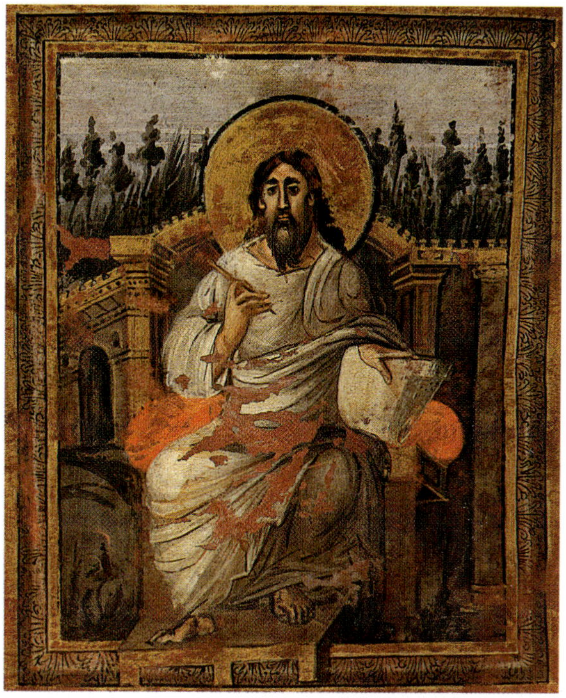

Evangeliario dell'incoronazione
Dettaglio: San Giovanni Evangelista

La decorazione dell'evangeliario consiste di una serie di sedici tavole di canoni e di quattro tavole con gli evangelisti di stile particolarmente 'antico', quella di Giovanni dà la più forte impressione di profondità spaziale. Il poggiapiedi dell'evangelista arriva fin sopra la cornice. C'è un radioso scorcio di cielo sopra al paesaggio. L'artista veniva dall'est, forse da Costantinopoli e misteriosamente si richiama ad antichi modelli del periodo postgiustiniano, intorno al 600.

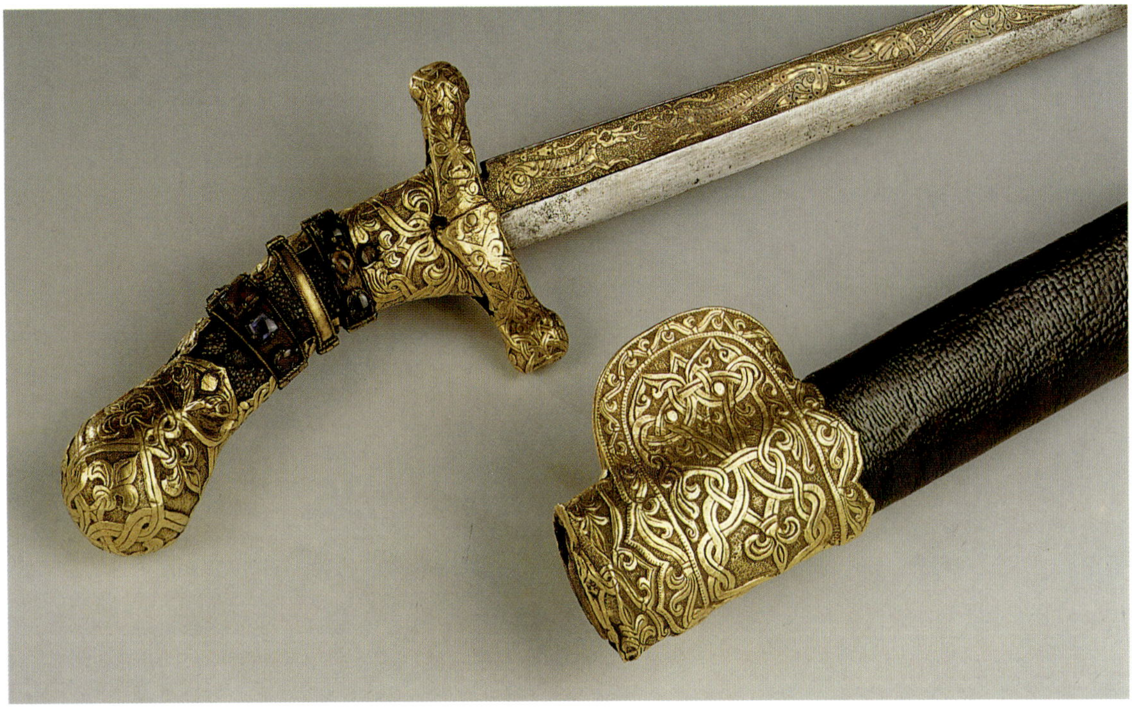

Sciabola di Carlo Magno
Europa orientale (Ungheria?),
prima metà del X secolo.
Sciabola: lama d'acciaio con intarsi in rame parzialmente dorato, impugnatura in legno, pelle di pesce, oro, argento dorato, pietre preziose;
Fodero: legno, pelle, oro;
Lunghezza 90,5 cm
(n. inv. XIII 5)

Non sappiamo da dove venga la sciabola, né come venne a far parte dei gioielli imperiali. Le leggende secondo le quali essa era 'la sciabola di Attila' o 'parte del bottino strappato agli Avari' nel 796 o ancora 'un regalo di Harun-al-Raschid' sono completamente infondate. Dopo che la sciabola incominciò a essere considerata come una reliquia di Carlo Magno, il futuro sovrano incominciò a fregiarsi di essa in occasione dell'incoronazione.

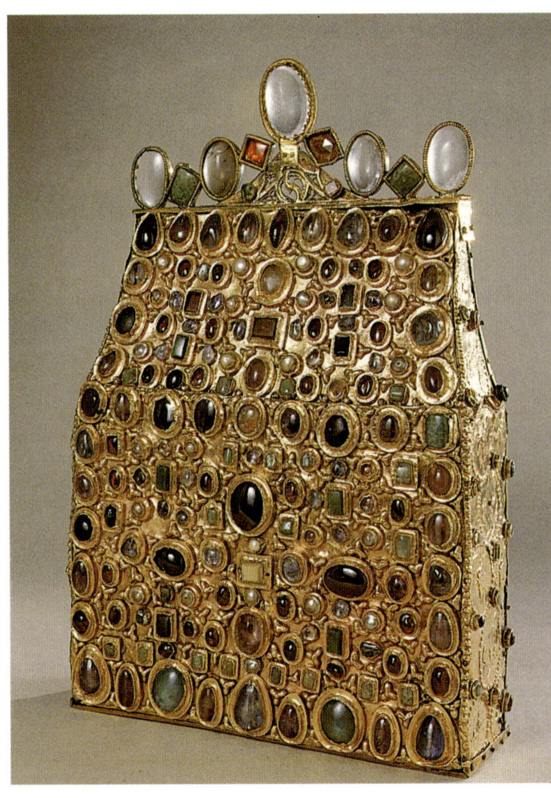

Borsa di Santo Stefano
Carolingia, primo terzo del IX secolo.
Fermaglio: XV secolo, retro: 1827 circa.
Legno placcato in oro, pietre preziose, perle, vetro;
Retro: argento dorato;
Altezza 32 cm
(n. inv. XIII 26)

Il reliquiario, fatto a forma di 'Burse' (borsa da pellegrino) era detto contenere la terra intrisa di sangue del martirio di Santo Stefano.

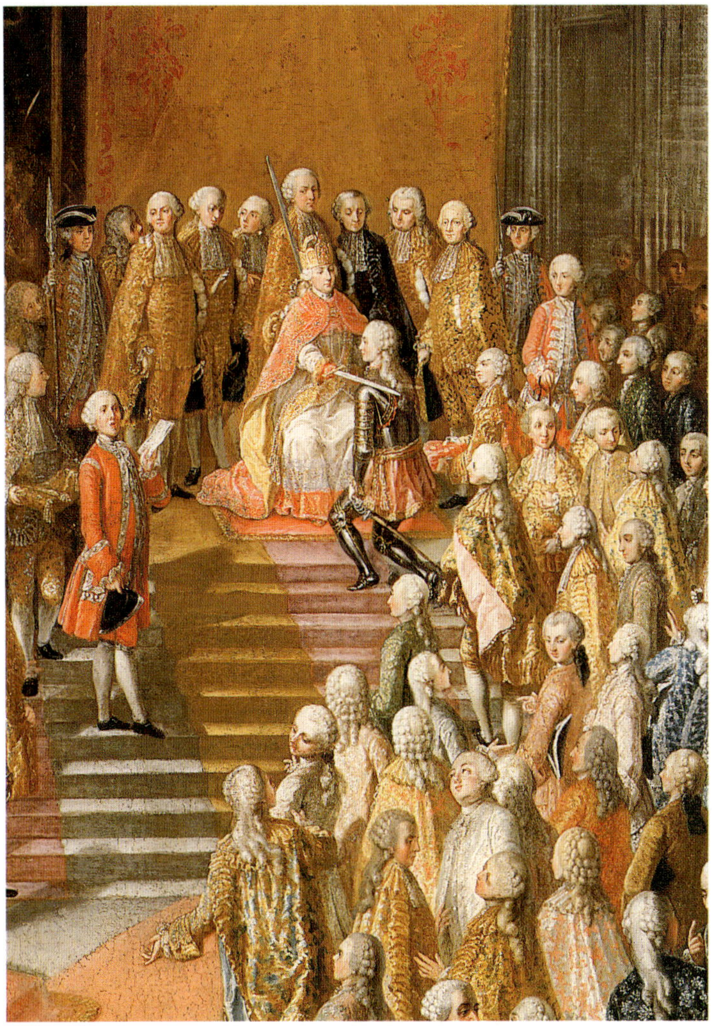

Incoronazione di Giuseppe II a re dei Romani a Francoforte nel 1764. L'accollata dopo l'incoronazione nella cattedrale di Francoforte, dettaglio
Atelier di Martin van Meytens il Giovane (Johann Dallinger di Dalling, 1741-1806) e altri, Vienna.
Olio su tela;
363 x 112 cm
(n. inv. GG 7470)

L'investitura dei cavalieri era il primo dovere ufficiale del nuovo re. Alcuni candidati erano scelti dal re ed altri dai principi elettori. Nel dipinto la lista dei candidati viene letta dal luogotenente generale conte Hamilton, capitano della Regia Guardia del Corpo degli Arcieri.

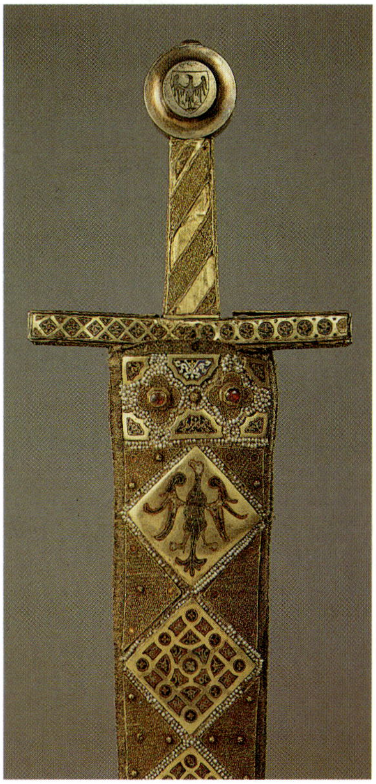

Spada da cerimonia
Palermo, prima del 1220.
Pomo: Praga, terzo quarto del XIV secolo
Spada: lama in acciaio; impugnatura ed elsa: legno, oro smalto; pomo: argento dorato;
Fodero: legno coperto con pergamena, ricoperto con lino, oro, smalto, rubini, perle;
Lunghezza 108,5 cm
(n. inv. XIII 16)

La spada era fra i paramenti che Federico II portò con se a Roma per la sua incoronazione a imperatore nel 1220. Dal XV secolo in poi, il re di Roma appena incoronato investì con essa i cavalieri, da qui il suo nome. Dal 1424 i legati di Norimberga, che portarono le insegne imperiali all'incoronazione, venivano sempre investiti cavalieri.

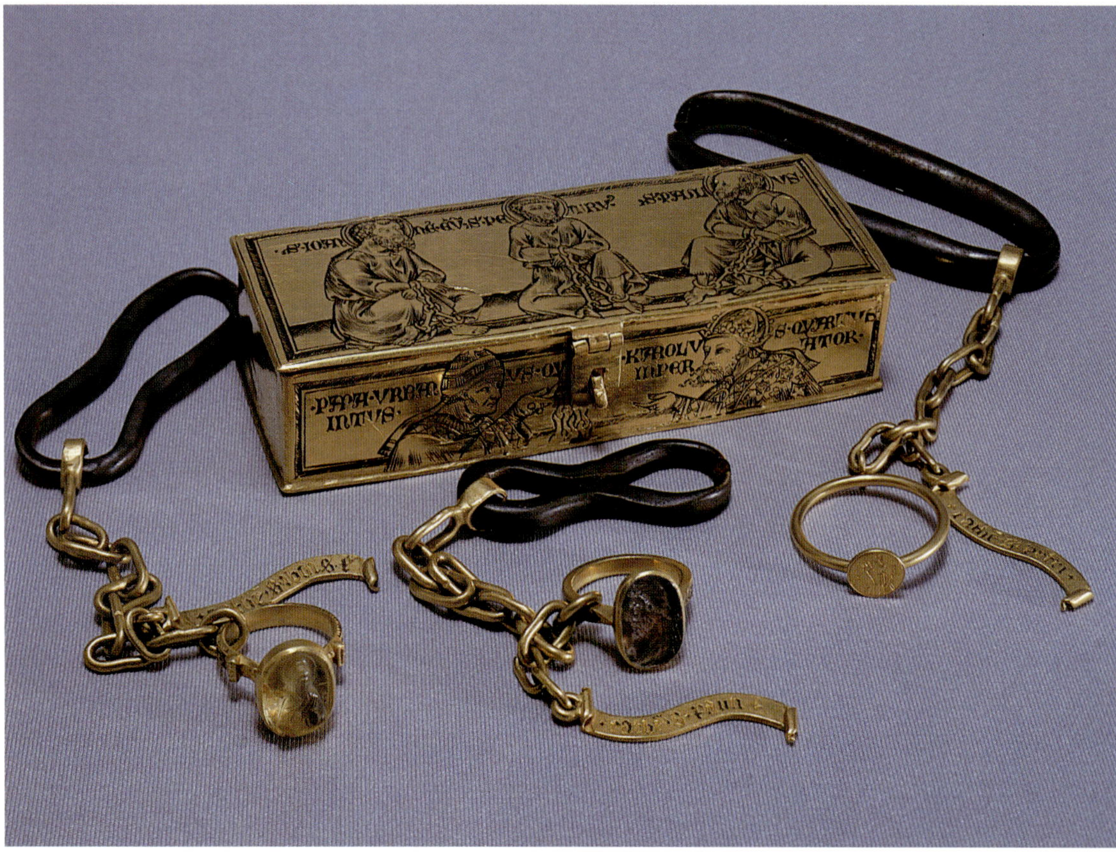

Reliquiario con le maglie delle catene
Incisore italiano, Roma o Praga, 1368 circa.
Oro, inciso e riempito con pasta nera,
smalto, gemme, ferro;
12,5 x 5,1 x 2,8 cm
(n. inv. XIII 29)

Le tre maglie, appartenute alle catene di prigionia di San Pietro, Paolo e Giovanni Evangelista, hanno ciascuna il relativo nome del santo scritto su targhette e un anello d'oro. Papa Urbano V donò le reliquie all'imperatore Carlo IV nel 1368 e tale scena è rappresentata nella parte frontale della scatola. Il coperchio mostra i tre santi.

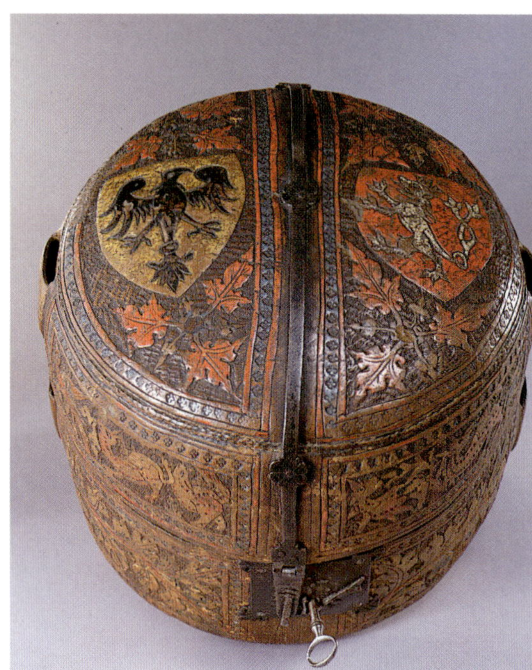

Custodia della corona imperiale
Praga, successivamente al 1350.
Cuoio, decorazioni in ferro;
Altezza 25 cm, diametro 3,8 cm
(n. inv. XIII 30)

La custodia, di cuoio cucito a strati, è decorata con goffrature a caldo e intagli, in parte tinta per far risaltare il disegno. L'aquila imperiale e il leone di Boemia si riferiscono a Carlo IV che la commissionò. Alcuni passanti permettono ci utilizzare una cintura per portare la custodia.

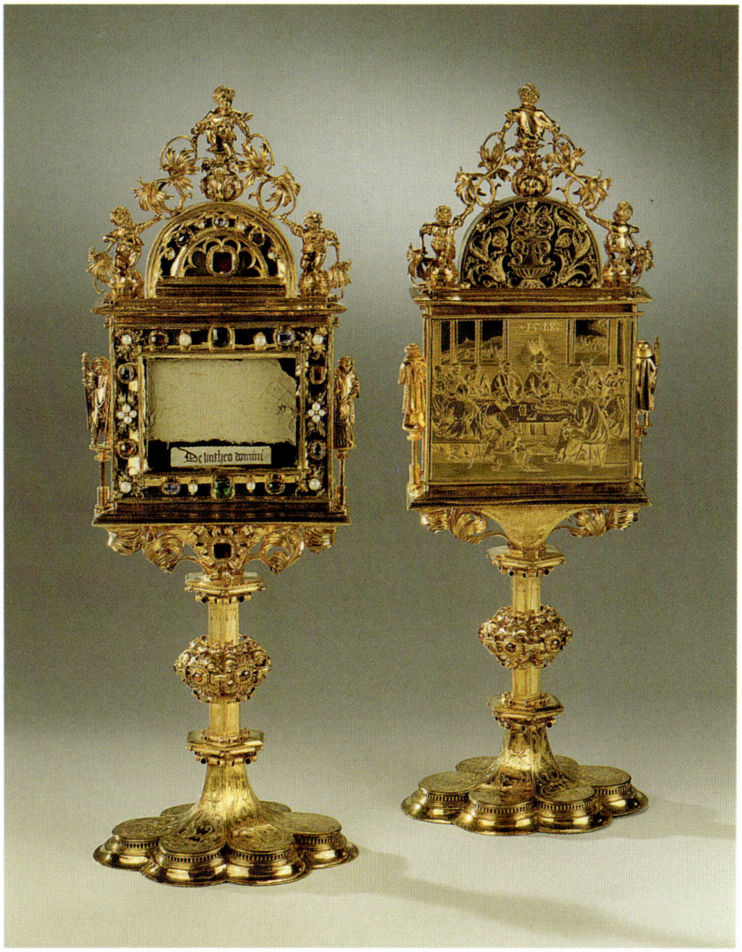

Due reliquari recanti un lembo della tovaglia dell'Ultima Cena e un lembo del perizoma di Cristo
Hans Krug il Giovane (?)
Norimberga, 1518.
Argento dorato, pietre preziose, perle;
Altezza 55,9 cm
(n. inv. XIII 22, XIII 23)

I lavori della bottega di Ludwig Krug sono tutti molto vicini a disegni di Dürer per opere d'oreficeria o progetti d'altari. L'Ultima Cena e la Lavanda dei Piedi sono incisi sul retro dei reliquiari per illustrare la vicenda storica a cui fanno riferimento le reliquie

Reliquiario con una scheggia del presepio di Cristo
Roma o Praga, successivamente al 1368.
Oro, pietre preziose, perle;
49 x 4,1 x 3,9 cm
(n. inv. XIII 24)

Papa Urbano V regalò il reliquiario all'imperatore Carlo IV nel 1368. La finestrella al centro permette di vedere il legno.

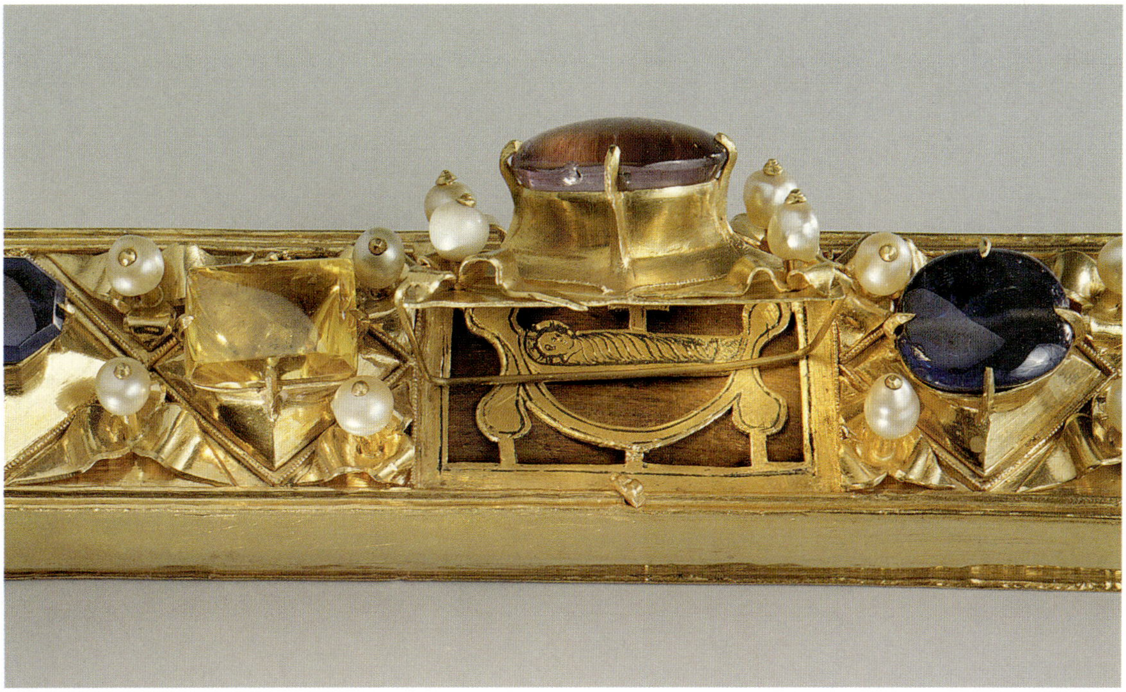

L'eredità di Borgogna e l'Ordine del Toson d'Oro

Con il matrimonio fra la duchessa Maria di Borgogna e l'arciduca Massimiliano d'Austria nel 1477, la casata degli Asburgo acquisì alcune fra le più ricche terre d'Europa. Il padre di Maria, Carlo il Temerario, ultimo duca di Borgogna della casata dei Valois, cadde in battaglia a Nancy nel 1477. Le terre sotto il suo controllo erano appartenute in parte alla corona di Francia e in parte al Sacro Romano Impero. La Francia immediatamente rivendicò le sue proprietà e quelle del Sacro Romano Impero non solo ritornarono ad esso, ma furono successivamente tramandate per via ereditaria nella casata degli Asburgo. L'eredità includeva anche i Paesi Bassi, che erano allora fiorenti sia culturalmente che economicamente. L'enorme aumento del potere degli Asburgo assicurò l'ascesa politica della dinastia. Nella generazione successiva essi aggiunsero al loro impero, per via ereditaria, la Spagna, l'Ungheria e la Boemia.

Con questo grande aumento territoriale Massimiliano e suo figlio, Filippo il Bello, ereditarono una ricca collezione di tesori e opere d'arte. Essa era quanto rimasto dell'inestimabile tesoro di Borgogna, la maggior parte del quale era caduta nelle mani degli svizzeri vittoriosi, dopo la morte del duca Carlo il Temerario.

L'imperatore Massimiliano, in costante bisogno di denaro, dette in pegno molti oggetti del tesoro, ciononostante quello che oggi resta nel tesoro ci dà ancora la misura della grande ricchezza dei duchi di Borgogna.

Da ultimo gli Asburgo ereditarono l'ordine del Toson d'Oro. Tale ordine era stato fondato dal duca Filippo il Buono di Borgogna nel 1430 in occasione del suo matrimonio con Isabella del Portogallo, che divenne poi la sua terza moglie.

L'Ordine aveva sia un fine religioso che politico. Conferendo quest'Ordine il principe intendeva avvicinare maggiormente a sé gli uomini più nobili e potenti delle sue terre. I cavalieri dell'Ordine dovevano poi difendere la fede, visto che a quell'epoca i Turchi stavano cominciando a minacciare l'Ovest cristiano e per questa ragione Filippo il Buono contemplò seriamente l'idea delle crociate. Il Toson d'Oro, emblema dell'Ordine, fu preso a prestito dall'antica storia greca di Giasone, e da quella del profeta Gideone nel Vecchio Testamento; esso chiaramente allude alle crociate.

Il sovrano dell'Ordine era il duca, perciò quando l'eredità di Borgogna passò agli Asburgo, il capo della casata assunse anche questa carica. La ricchezza, il fasto e la posizione dei duchi di Borgogna aiutarono a fare sì che il Toson d'Oro mettesse rapidamente in ombra tutti gli altri ordini. Esso fu così in grado di rivendicare il rango più alto fra ordini cavallereschi cristiani. Il potere degli Asburgo lo aiutò poi a mantenere questa posizione preminente e spiega anche perché esso sia uno dei pochi ordini cavallereschi che oggi ancora esistono.

Il numero dei suoi membri era inizialmente ristretto a trentuno. Nel 1516, col consenso papale, l'imperatore Carlo V alzò tale numero a cinquantuno, poi a sessanta, poi a settanta. Questo allargamento e la crescente internazionalità dei cavalieri sono indice di quella che fu la costante espansione dell'impero degli Asburgo.

Con l'egemonia dei Borbone, dopo la guerra di successione, anche in Spagna fu fondato un Ordine del Toson d'Oro, il quale però, a differenza di quello degli Asburgo, non seguì gli antichi statuti dell'Ordine.

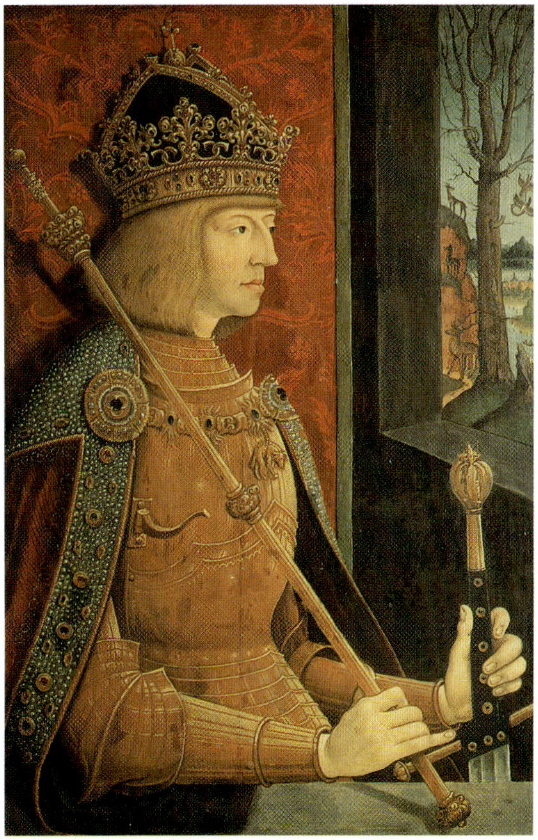

Imperatore Massimiliano I (1449-1519)
Bernhard Strigel (1460-1528), 1500 circa.
Olio su legno;
60,5 x 41 cm
(n. inv. GG 922)

Il quadro è l'esemplare più antico dei molti ritratti ad opera di Strigel, differenti talvolta per sfondo o semplicemente copie di questo che è considerato l'originale.

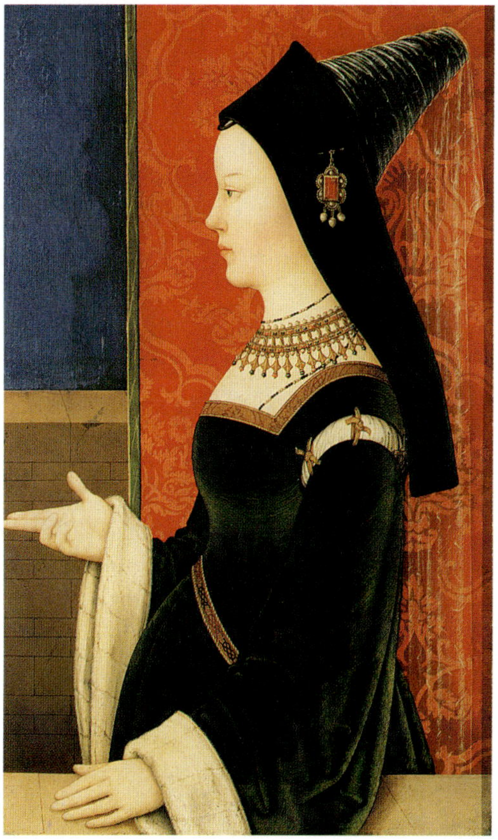

Maria di Borgogna (1458-82)
Attribuito a Nicolas Reiser,
SchwazTirolo, 1500 circa.
Olio su legno
79 x 46 cm
(n. inv. GG 4402)

Maria, figlia del duca Carlo il Temerario di Borgogna, fu la prima moglie dell'imperatore Massimiliano I. Come erede di Borgogna fu lei a portare i territori dei Paesi Bassi sotto il dominio della casata d'Austria.

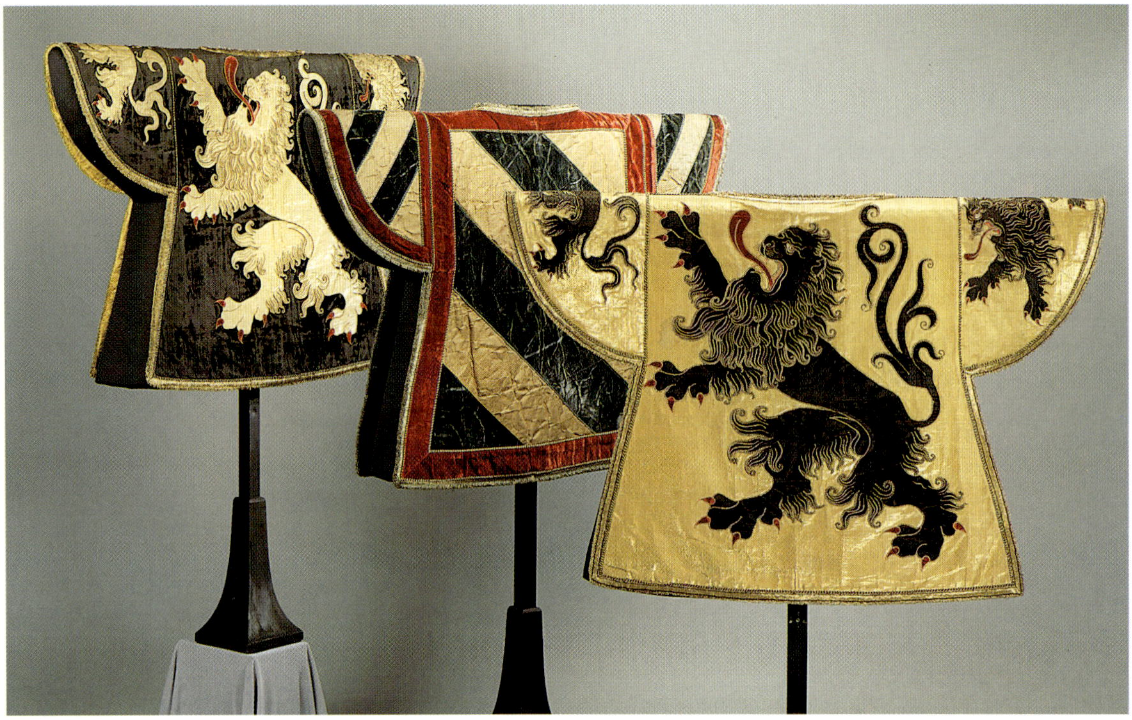

Cotte d'armi dei ducati di Brabante e Borgogna e della contea di Fiandra (da sinistra a destra)
Bruxelles, 1715, Borgogna, XVII secolo.
Velluto, oro lamé, argento lamé (per la Borgogna);
Lunghezza 84 cm, larghezza 129 cm;
Lunghezza 85,5 cm, larghezza 130 cm;
Lunghezza 83 cm, larghezza 126 cm
(n. inv. XIV 79, XIV 75, XIV 87)

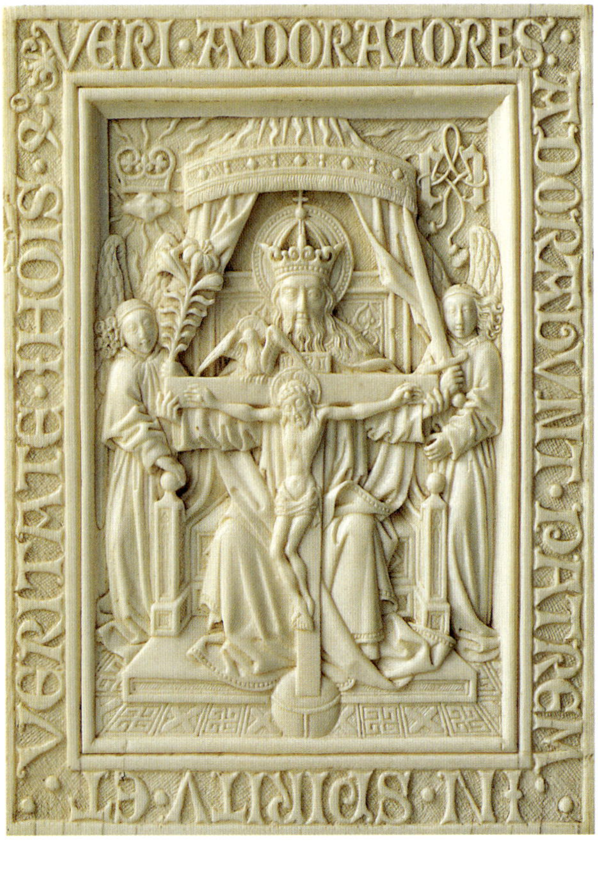

'Thronum Gratiae'
Borgogna-Paesi Bassi, 1453-67 circa.
Avorio;
14,6 x 11,1 cm
(n. inv. KK 10.078)

L'acciarino con la pietra focaia (in alto a sinistra) e la duplice 'e' minuscola (in alto a destra) sono gli emblemi del duca Filippo il Buono di Borgogna (1396-1467). In questa rappresentazione della Trinità, Dio Padre tiene il Figlio crocifisso davanti a sé. Lo Spirito Santo siede sul braccio orizzontale della croce nella forma di una colomba. La croce è infissa sul globo (l'universo) e il baldacchino a tenda è emblema della volta celeste. L'arcangelo Gabriele (con il giglio della misericordia) e Michele (con la spada della giustizia) si trovano ai lati del trono.

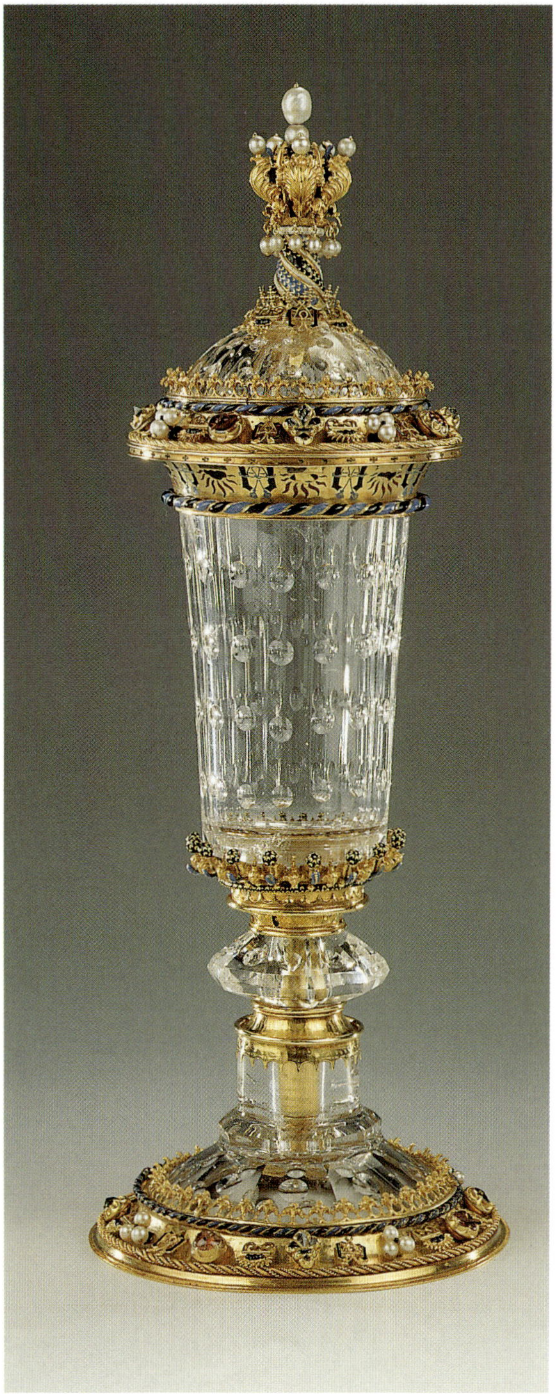

Boccale della corte di Borgogna
Dettaglio: il coperchio
Borgogna-Paesi Bassi, fra il 1453 e il 1467.
Cristallo di rocca, oro, smalto, diamanti, rubini, perle;
Altezza 46 cm
(n. inv. KK 27)

Questo capolavoro tardo-medioevale della lavorazione della glittica e dell'oreficeria reca gli emblemi del duca Filippo il Buono di Borgogna (1396-1467) sulla base, sul coperchio e anche sull'orlo del boccale. Il duca ebbe questi emblemi dal 1453 fino alla sua morte. I gigli araldici della casa di Valois, formati da cinque diamanti, compaiono ben due volte.

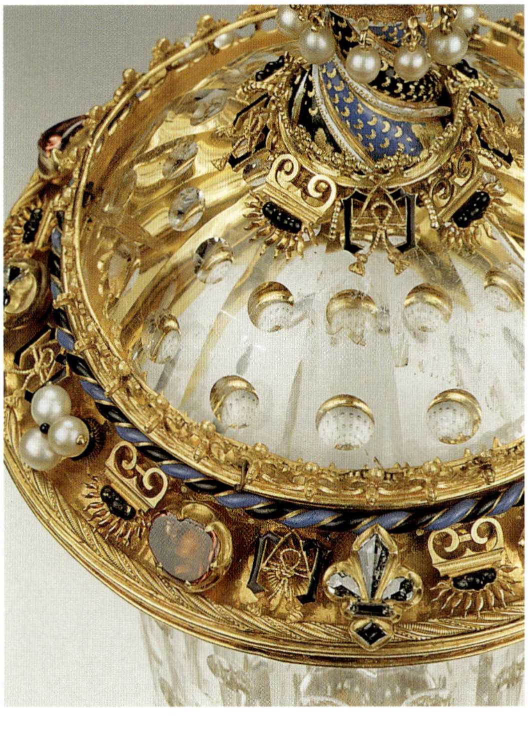

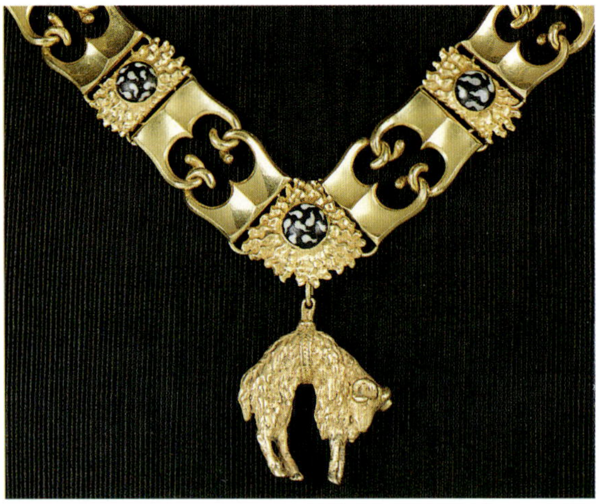

Collana dell'Ordine del Toson d'Oro
Fiamminga, metà del XV secolo.
Oro;
Peso: 507,96 grammi
(n. inv. XIV 263)

La collana, che risale all'epoca della fondazione dell'Ordine, è unica, perché essa consiste di sedici parti lavorate separatamente e poi unite. Questo esprimeva l'idea che anche i singoli membri dell'Ordine dovevano rimanere uniti nella fratellanza.

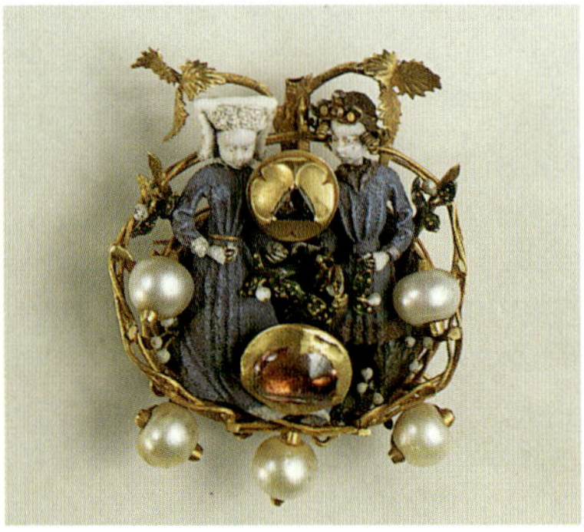

Spilla
Borgogna-Paesi Bassi, 1430-40 circa.
Oro, smalto, diamante, rubino, perle;
Circa 5 cm di diametro
(n. inv. KK 130)

La famosa spilla mostra una giovane coppia vestita alla moda, nel giardino dell'amore. La chioma dell'albero che sovrastava la coppia fu tolta. La raffinata tecnica di ricoprire completamente piccole figure d'oro con smalto (émail en ronde bosse) fu scoperta in seno agli artisti della corte di Francia, attorno al 1400.

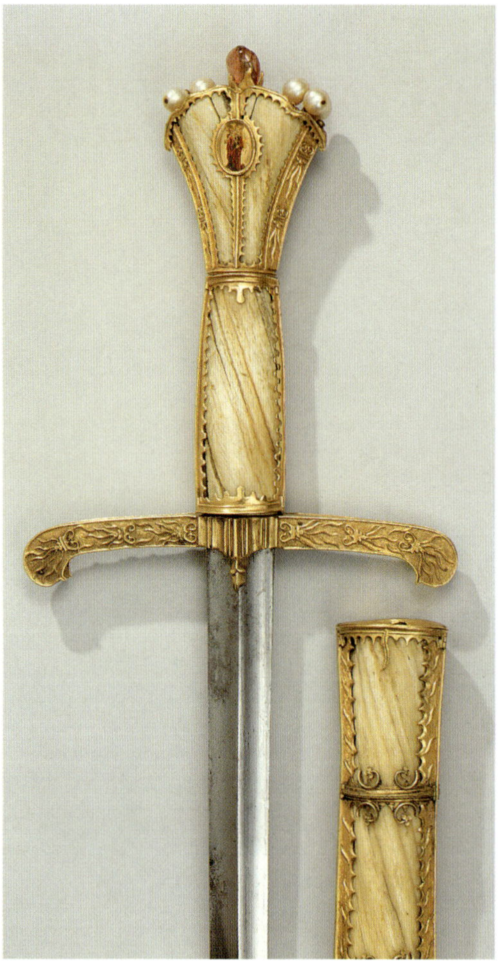

'Spada di unicorno'
Borgogna-Paesi Bassi, secondo terzo del XV secolo.
Acciaio, 'unicorno' (dente o corno di narvalo), oro, smalto;
Integrazioni: argento dorato, rubini, perle;
Lunghezza 106 cm
(n. inv. XIV 3)

La spada (con lama a quattro spigoli) aveva un valore particolarmente alto perché il suo manico e il fodero erano fatti, secondo la tradizione, con il corno del leggendario unicorno. Essa può essere attendibilmente fatta risalire al duca Filippo il Buono di Borgogna.

Croce del giuramento dell'Ordine del Toson d'Oro
Francia, 1400 (?) circa.
Sostegno (una solida continuazione della croce) e piedistallo: fiammingo, fra il 1453 e il 1467.
Oro, zaffiri, rubini, perle;
Altezza 36 cm
(Dep. Prot. 1)

La croce probabilmente proviene dai beni di Jean de France, duca di Berry e contiene un frammento della croce di Cristo nell'incrocio delle aste. Dopo il 1453, Filippo il Buono fece rinnovare il piedistallo, che reca le sue armi e i suoi emblemi. I cavalieri di nuova nomina e gli ufficiali dell'Ordine hanno prestato il loro giuramento su questa croce a partire dalla fondazione dell'Ordine e lo fanno ancora oggi.

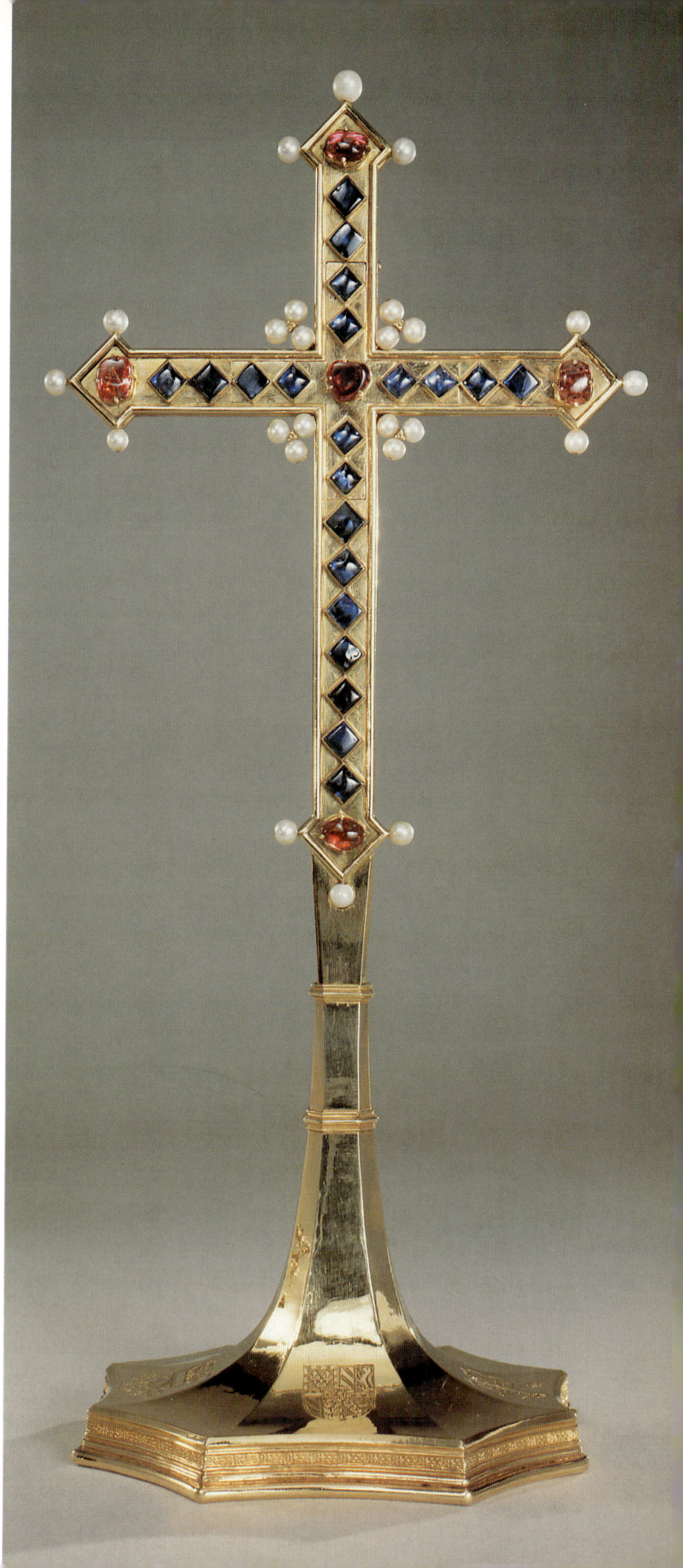

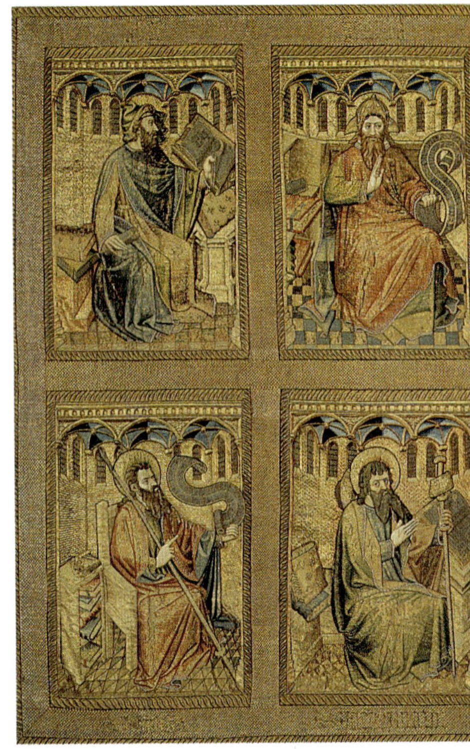

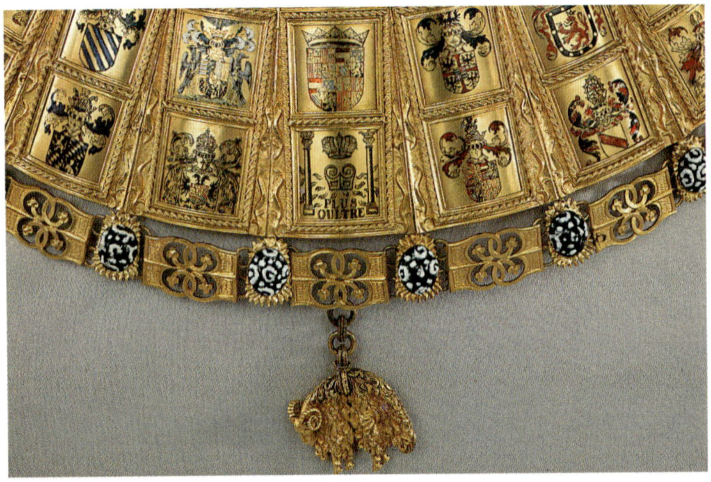

Potence (collana delle armi) per l'araldo dell'Ordine del Toson d'Oro
Paesi Bassi, probabilmente del 1517.
Oro, smalto;
Circonferenza: esterna 143 cm, interna: 98,8 cm
(Dep. Prot. 4)

La Potence consiste del collare dell'Ordine e di un collare chiuso coposto di 26 placche, ognuna delle quali raffigura due blasoni recanti le armi e i simboli dei membri dell'Ordine. Al sovrano sono dedicati due campi. Era stato Carlo V a portare a cinquantuno il numero dei cavalieri dell'Ordine.

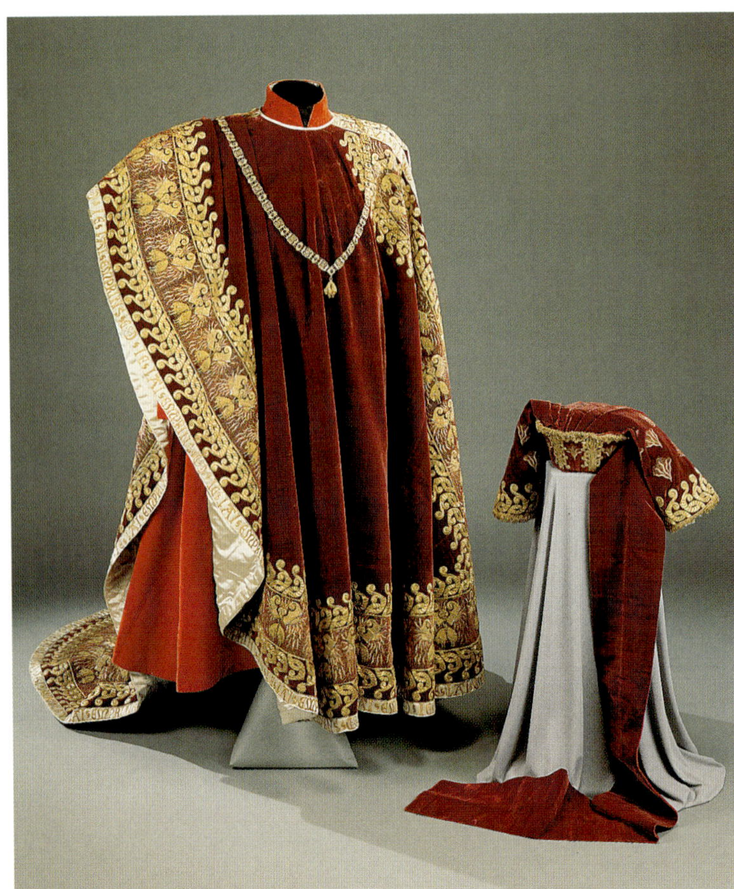

Paramento di un cavaliere dell'Ordine del Toson d'Oro
Manto, veste, capperone
Vienna, 1712 o 1755.
Velluto, seta, oro, ricami in argento e seta;
(Monturdepot n. inv. TO 5)

Questi vestiti appartennero all'imperatore in persona.

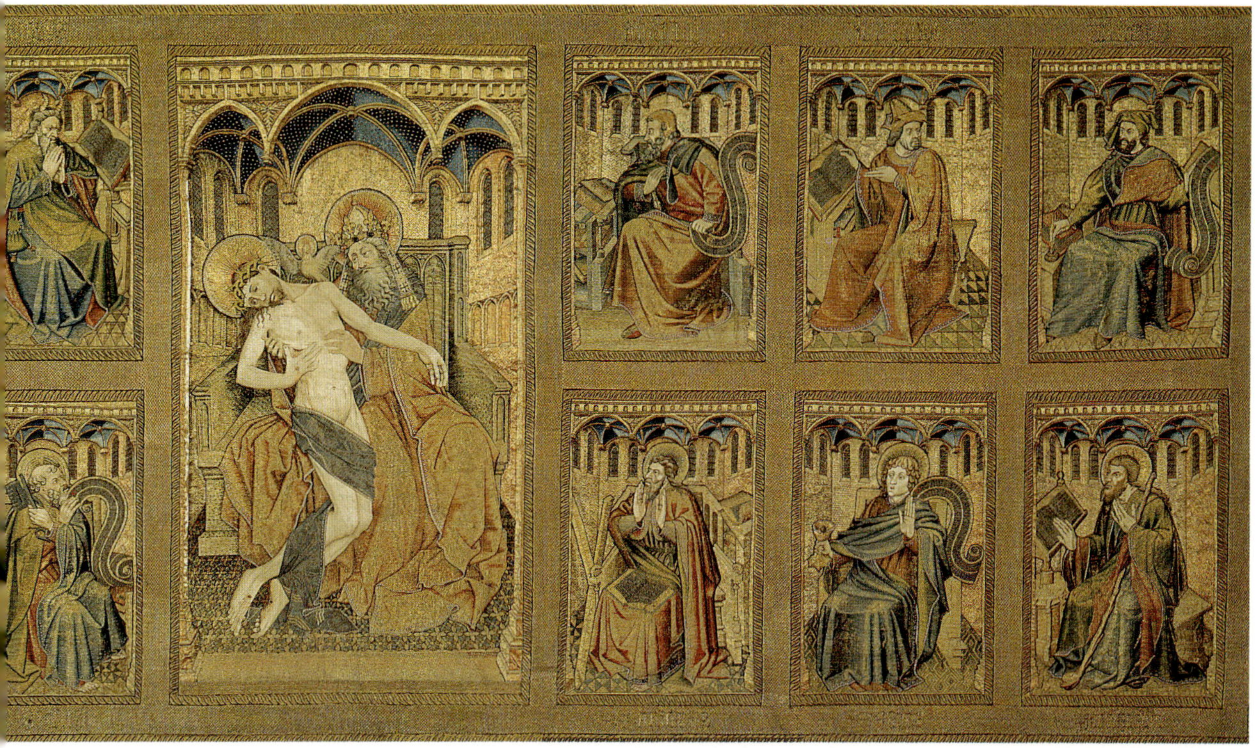

Paramento liturgico dell'Ordine del Toson d'Oro, antependium Dettaglio: la Santissima Trinità
Borgogna, fra il 1425 e il 1440.
Fondo in lino, oro intrecciato, ricamo con fili d'oro, argento e seta, perle, axiniti;
Lunghezza 330 cm, larghezza 119 cm (n. inv. KK 18)

Il ricamo raffigura la Santissima Trinità con i profeti e gli apostoli. Il modo di rappresentare la Trinità è in stretto rapporto con il sacramento dell'Eucarestia. Dio Padre sul trono indica il Figlio, Gesù Cristo, lo Spirito Santo compare sotto forma di colomba appoggiata sulla spalla di Gesù. L'immagine illustra la redenzione operata da Dio, grazie al sacrificio di Cristo sulla croce, che si rinnova nel momento della messa. Il disegno è attribuito al maestro di Flémalle (Robert Campin [?], 1375-1444).

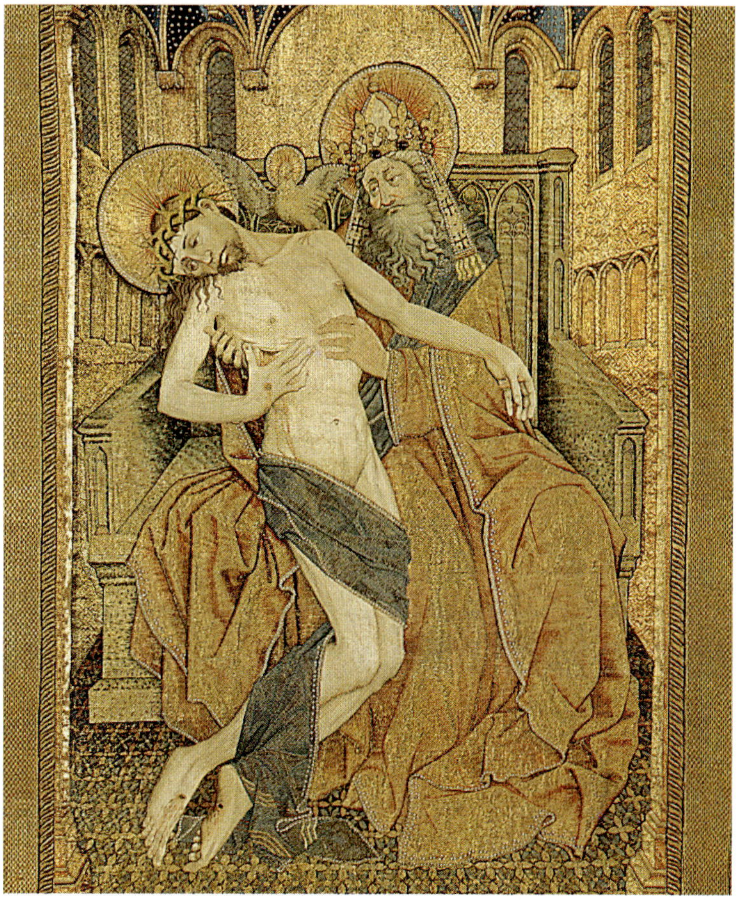

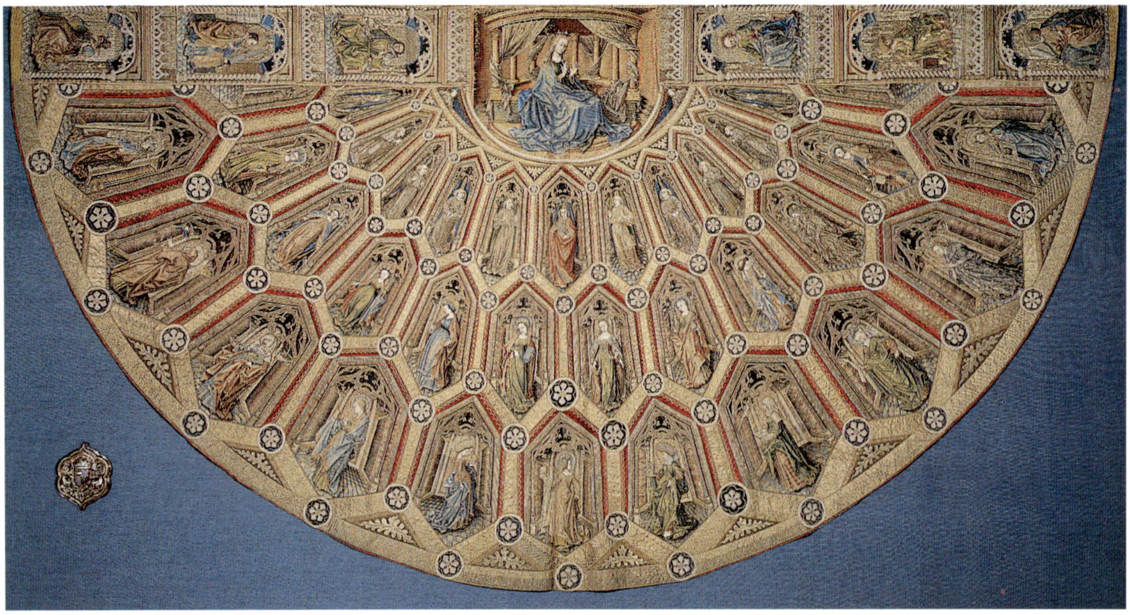

Paramento liturgico dell'Ordine del Toson d'Oro, piviale (manto di Maria)
Dettaglio: scudo raffigurante Maria
Dettaglio: Santa Barbara
Borgogna, fra il 1425 e il 1440.
Fondo il lino, bordato di velluto rosso e passamano d'oro, fili d'oro e argento, seta, perle;
Larghezza 330, lunghezza 164 cm
(n. inv. KK 21)

Personaggi: scudo: Maria; stolone: Apostoli e profeti; prima riga: l'arcangelo Gabriele con gli angeli; due righe successive: sante vergini, donne e vedove. Tre preziosi mantelli erano fatti per i vespri pontifici. Gli scudi sul loro retro formavano una rappresentazione di gruppo con Cristo/Dio Padre al centro e Maria e Giovanni Battista sui due lati. Il loro disegno è, ancora una volta, attribuito al maestro di Flémalle.

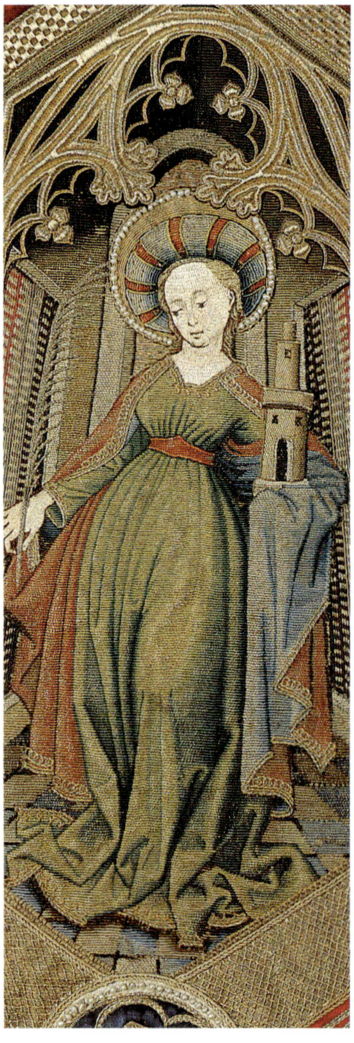

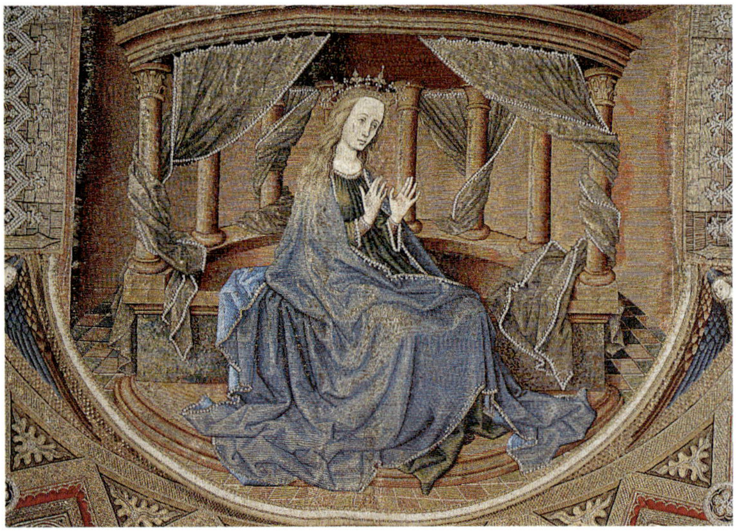

Paramento liturgico dell'Ordine del Toson d'Oro, Casula
Dettaglio: i tre apostoli durante la trasfigurazione di Cristo.
Borgogna, tra il 1425 e il 1440.
Fondo in lino, bordo in velluto rosso e passamano d'oro, fili d'oro e argento, seta, perle;
Lunghezza 149,5 cm,
larghezza 135,5 cm
(n. inv. KK 14)

Fronte: il battesimo di Cristo. Retro: la trasfigurazione di Cristo; sulle tre righe: angeli. La pianeta è fra gli ultimi paramenti realizzati (nel decennio tra il 1430 e il 1440). Ancora una volta le grandi figure sono opera del maestro di Flémalle, ma il giovane Rogier van der Weyden (1399/1400-1464) potrebbe aver contribuito a disegnare gli angeli. I paramenti di questo insieme sono fra i più preziosi al mondo.

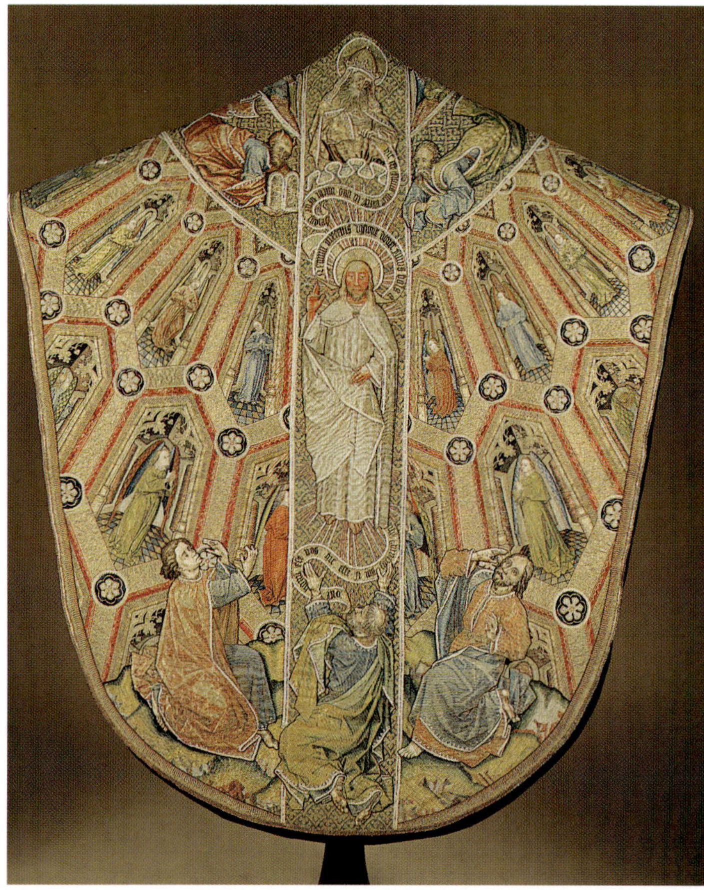

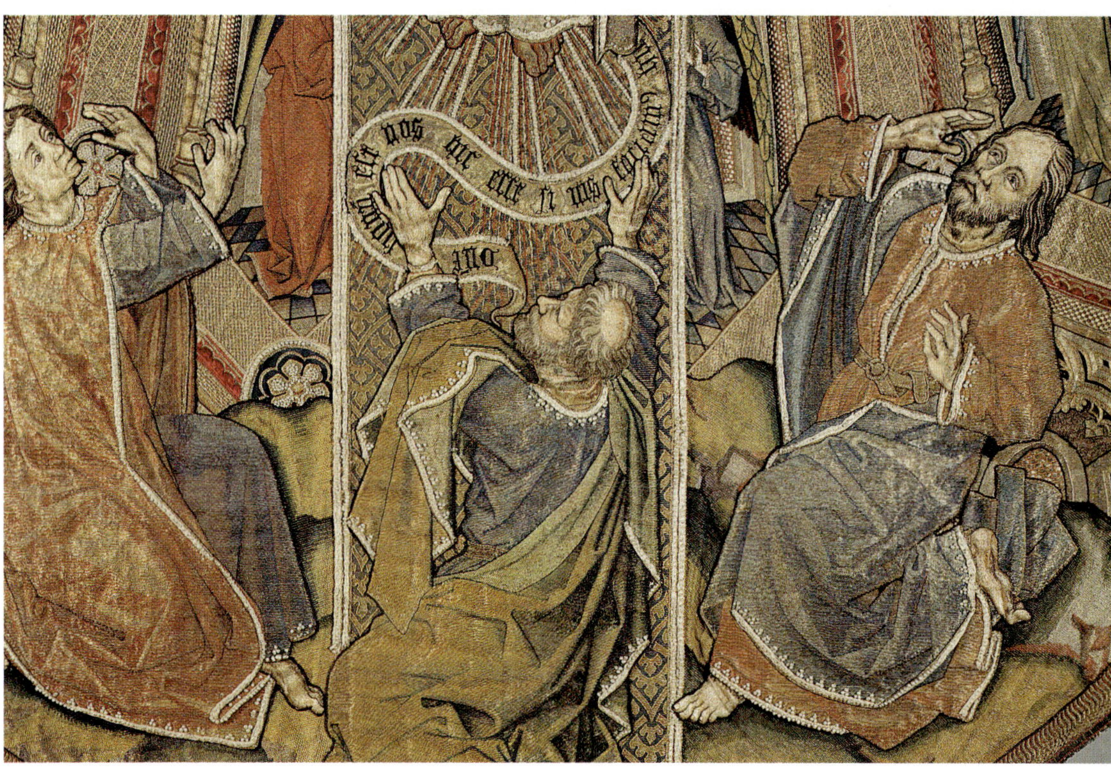

Il tesoro sacro

Il tesoro sacro conserva principalmente oggetti liturgici, paramenti e preziose reliquie che furono in uso nelle varie chiese e cappelle della corte imperiale a Vienna, Schönbrunn, Laxenburg e Baden. Alcuni oggetti del tesoro vengono ancora utilizzati ai giorni nostri.

Dapprima è bene ricordare i tesori della cappella di corte del castello di Vienna. Quando l'imperatore Giuseppe II cominciò a regnare nel 1780, affidò il tesoro sacro al cappellano del castello. Questi volle che i tesori, provenienti da luoghi differenti, fossero riuniti. Da quando il cappellano di corte del castello assurse al rango di vescovo, le più importanti cerimonie della corte imperiale ebbero luogo nella sua cappella che pertanto si ornò di splendidi oggetti da altare, decorazioni e ostensori. Questa preziosa collezione di paramenti, principalmente di epoca barocca, merita una attenzione particolare.

Il visitatore sarà poi colpito dalla straordinaria quantità di reliquie, tutte accompagnate da contenitori riccamente ornati. Esse risalgono per lo più al XVII secolo, il periodo della Controriforma. Questi reliquiari furono realizzati principalmente negli atelier di Augsburg e Monaco, nell'atelier imperiale fondato dall'imperatore Rodolfo II a Praga e probabilmente anche a Mantova. Essi sono una testimonianza della devozione e del fasto religioso presso gli Asburgo e presso le famiglie loro legate dei Wittelsbach e dei Gonzaga, tutti ferventi campioni del rinnovato cattolicesimo in seno al Sacro Romano Impero.

Un'entusiastica protettrice del culto delle reliquie fu la devota imperatrice Anna, moglie dell'imperatore Mattia. Fu lei a far sì che venissero trasferite nel tesoro della chiesa dei Cappuccini di Vienna anche quelle reliquie che inizialmente erano state trattenute dai loro proprietari per atti di devozione privata. Nel 1619 fu sempre l'imperatrice Anna a disporre che le tombe degli Asburgo trovassero luogo nella cripta dei Cappuccini. Lì esse erano sia un mezzo di fede sia un'assicurazione per una migliore vita nell'aldilà. Nel 1921 questo 'tesoro dei Cappuccini' fu trasferito nuovamente sotto la custodia del tesoro sacro.

Infine, gli innumerevoli oggetti di devozione in argento, avorio e bronzo, meritano particolare attenzione. Essi includono preziosi regali papali alla corte imperiale.

Riproduzione della Colonna di Maria della piazza am Hof di Vienna
Philipp Küsel (1642-1700).
Augsburg, 1670-80 circa.
Argento dorato, smalto, smalto dipinto, pietre preziose, perle, vetro, base in ferro;
Altezza 129 cm
(n. inv. KK 882)

Il prezioso decoro, tempestato con migliaia di gioielli (che comprendono 324 smeraldi, 68 rubini e 452 ametiste) fu commissionato dall'imperatore Leopoldo I.

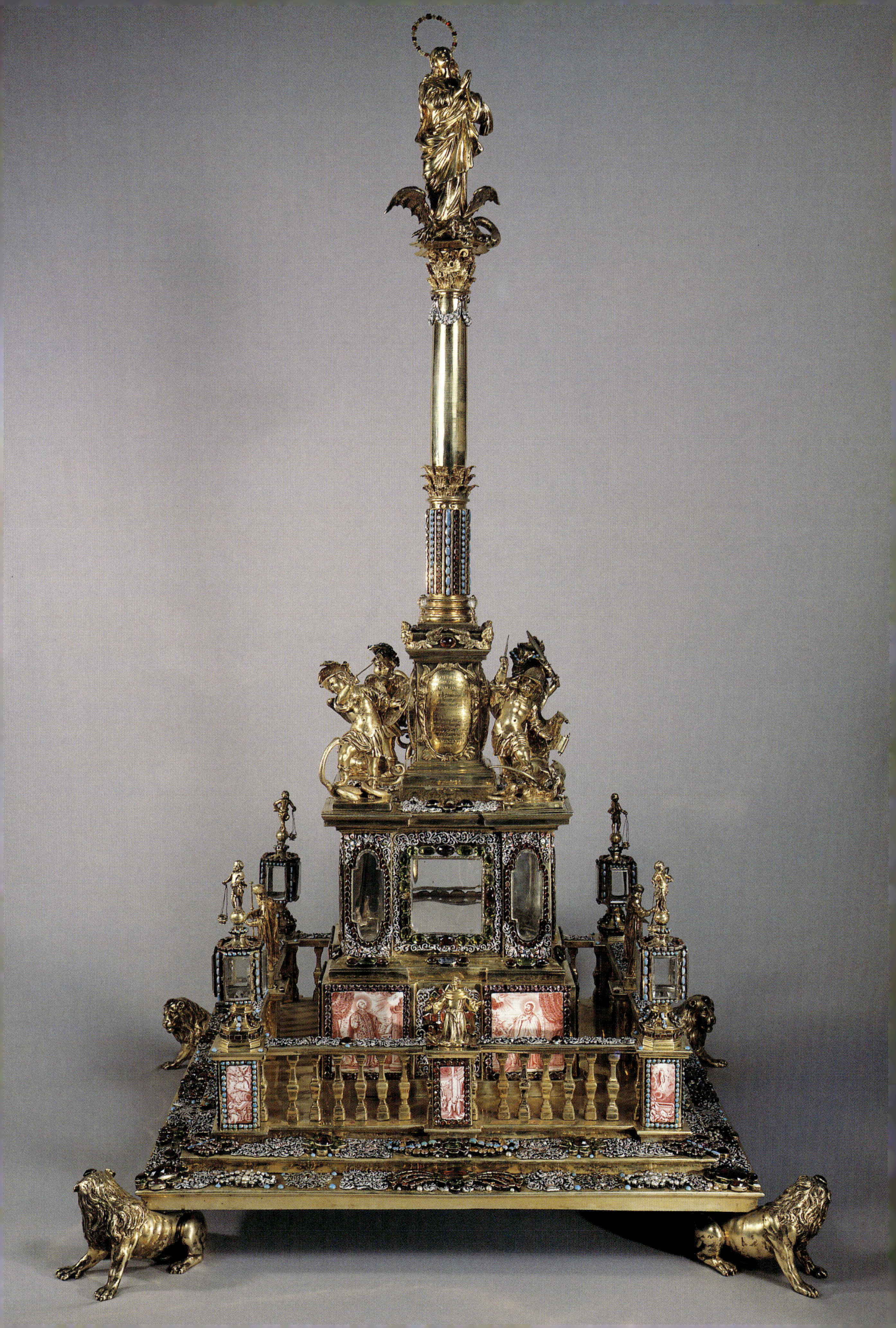

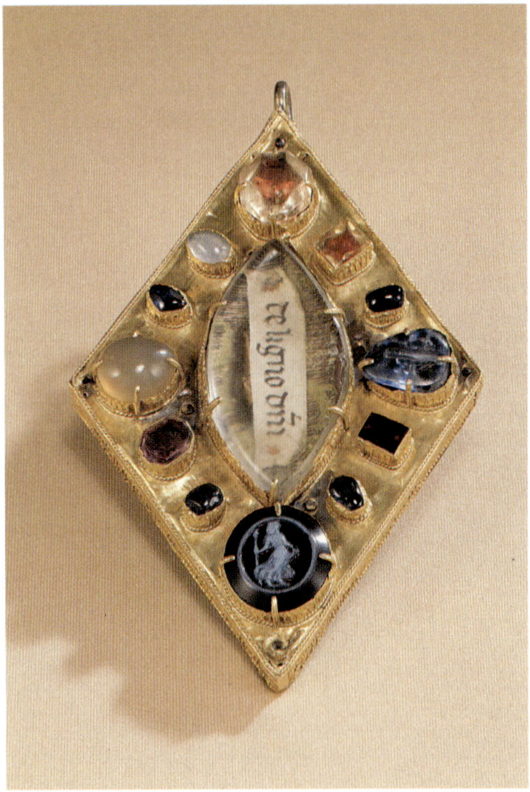

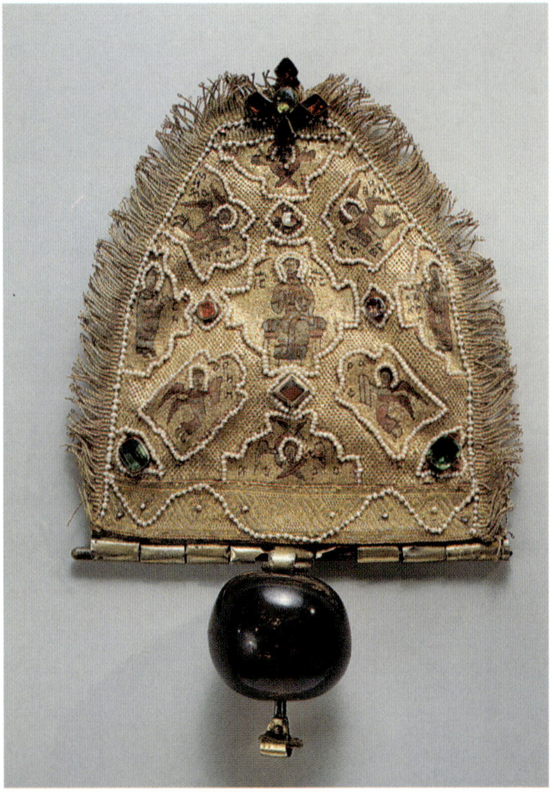

Il cosiddetto 'Monile' (reliquiario pendente) dell'imperatore Carlo Magno
Praga (?), metà del XIV secolo.
Lamina d'oro su armatura in legno, cristallo di rocca, gemme, cammeo in onice;
Altezza 14,5 cm, larghezza 9,3 cm
(n. inv. 128)

Secondo la iscrizione sul retro, l'imperatore Carlo V portò questa reliquia della croce con sé in tutte le sue battaglie e nei suoi viaggi. Il bel cammeo con la menade danzante risale alla seconda metà del primo secolo prima di Cristo.

Il cosiddetto 'borsello' di re Stefano di Ungheria († 1038)
Russia, seconda metà dell'XI/XII secolo.
Ricami in oro e seta, argento dorato, perle, granati, quarzo affumicato, vetro;
Altezza 15,5. cm, larghezza 13,5 cm
(n. inv. Kap. 186)

L'antica attribuzione non è storicamente certa. Il prezioso ricamo è originario del primo periodo dell'arte russa. Lo spillo su cui è montato il quarzo affumicato forma il fermaglio del borsellino.

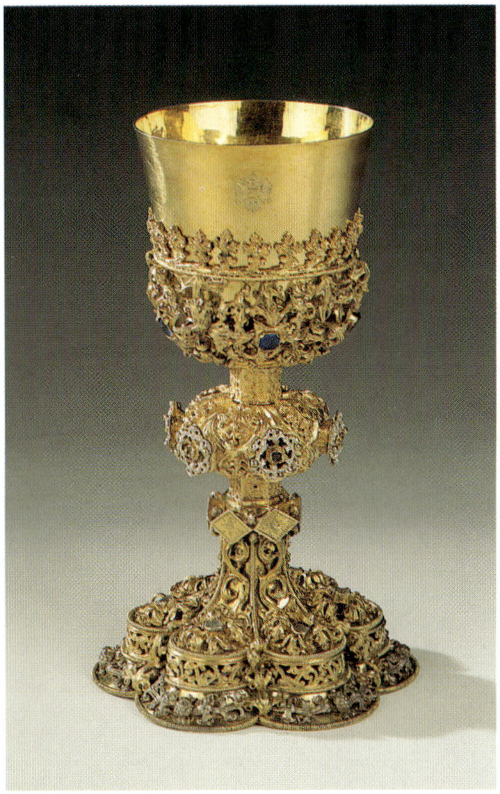

Calice da messa
Ungheria, 1500 circa.
Argento dorato, gemme, axiniti;
Altezza 23,3 cm
(n. inv. B 10)

Il calice fu usato nella cappella della Hofburg fino al 1854. Ci sono calici simili conservati nelle chiese slovacche e in Transilvania.

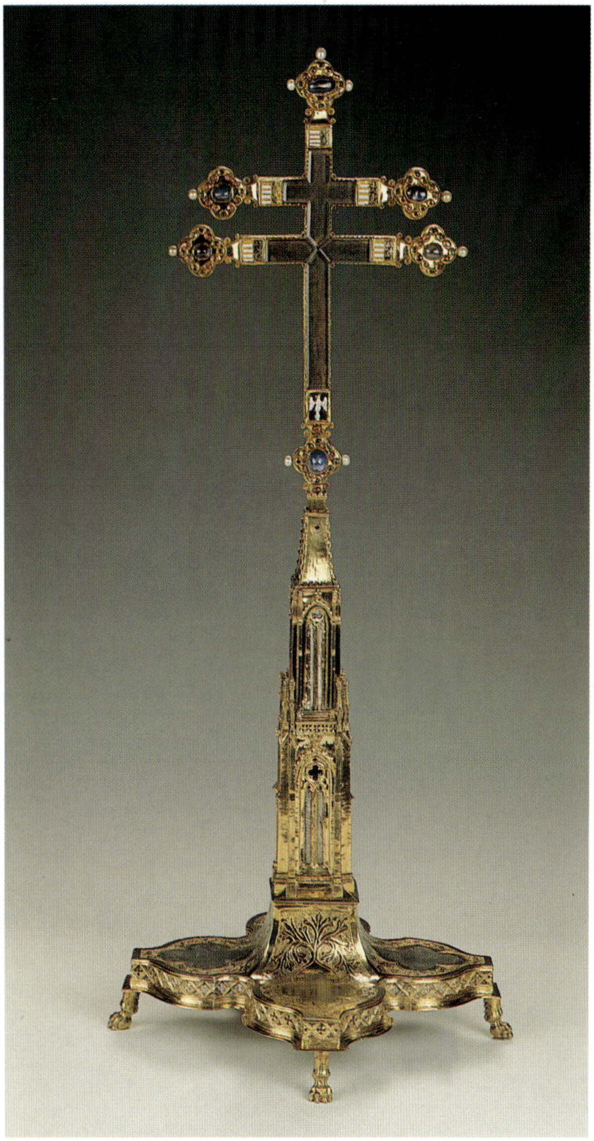

Croce reliquiaria del re Ludovico il Grande di Ungheria
Ungheria, fra il 1370 e il 1382.
Oro, argento dorato, smalto, pietre preziose, perle, cristallo di rocca;
Altezza 67,2 cm
(n. inv. D 251, 252)

Sotto la copertura del cristallo di rocca ci sono alcuni frammenti della croce di Cristo. Sugli estremi della croce troviamo le armi alleate dell'Ungheria-Anjou e, più in basso, l'aquila bianca di Polonia. Re Ludovico il Grande (1326-1382) della casata degli Anjou fu anche re di Polonia a partire dal 1370.

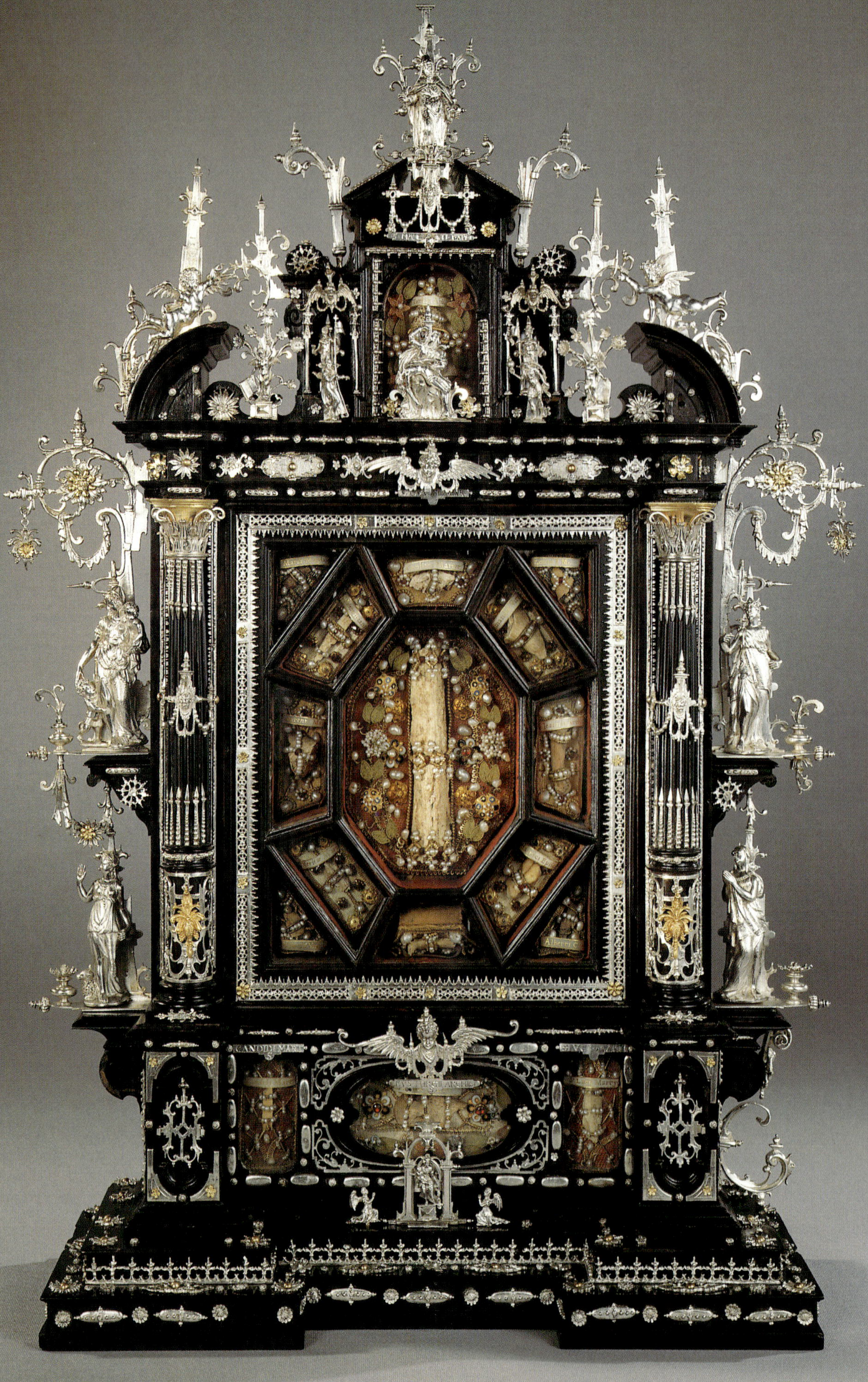

Altarino a trittico
Mattia Walbaum (circa 1554-1632).
Augsburg, 1600 circa.
Armatura in quercia, rivestimenti di ebano, argento, doratura parziale, miniature in rame;
Altezza 40,7 cm, larghezza 18,5 cm
(n. inv. D 179)

Questo oggetto appartenne all'imperatore Mattia (1557-1619). Pala centrale: Adorazione dei pastori; interni delle ante: Circoncisione di Cristo, Presentazione al Tempio; esterni delle ante: l'Annunciazione; sui lati del reliquiario: San Giorgio e San Michele; in alto: tre donne al sepolcro di Cristo, Resurrezione.

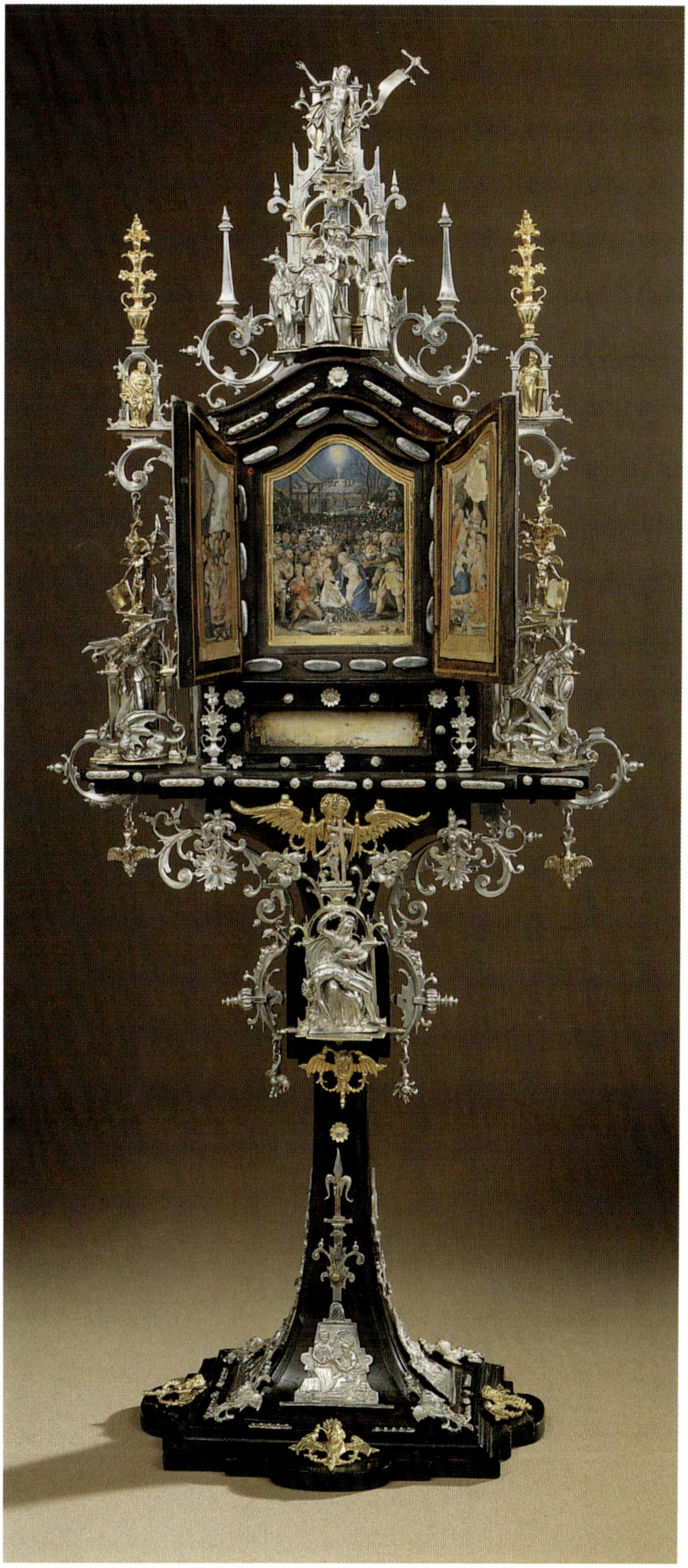

A FIANCO
Contenitore per reliquie da altare
Mattia Walbaum (circa 1554-1632).
Augsburg, 1600-05 circa.
Armatura in quercia, rivestimenti di ebano;
Legno duro ebonizzato, argento, doratura parziale;
Altezza 49 cm, larghezza 28,8 cm
(n. inv. D 89)

L'ostensorio ricalca la struttura di un grande altare. La parte centrale contiene le reliquie di vari santi, suddivise in diciassette sezioni. Sui piani d'appoggio di sinistra giacciono le figure della Caritas (Carità) e della Fides (Fede), mentre su quelli di destra troviamo la Temperantia (Temperanza) e la Spes (Speranza).

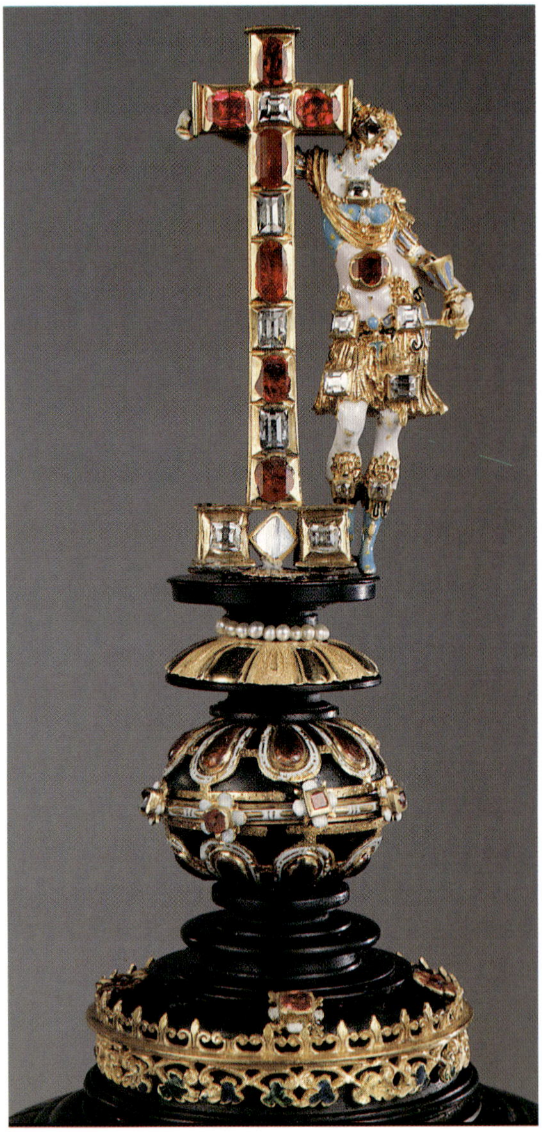

Ostensorio con una spina della Corona di Cristo e reliquie di vari santi
Dettaglio: figura sulla sommità
Mantova, 1592.
Armatura in quercia, rivestimento di ebano, oro, parzialmente smaltato, argento dorato, diamanti, rubini, smeraldi, perle, cristallo di rocca;
Altezza 50,4 cm
(n. inv. D 21)

La figura femminile sulla sommità indossa un'armatura lavorata come un gioiello e regge un calice con la mano destra, mentre con la sinistra si appoggia alla croce. Essa è un'allegoria della fede militante.

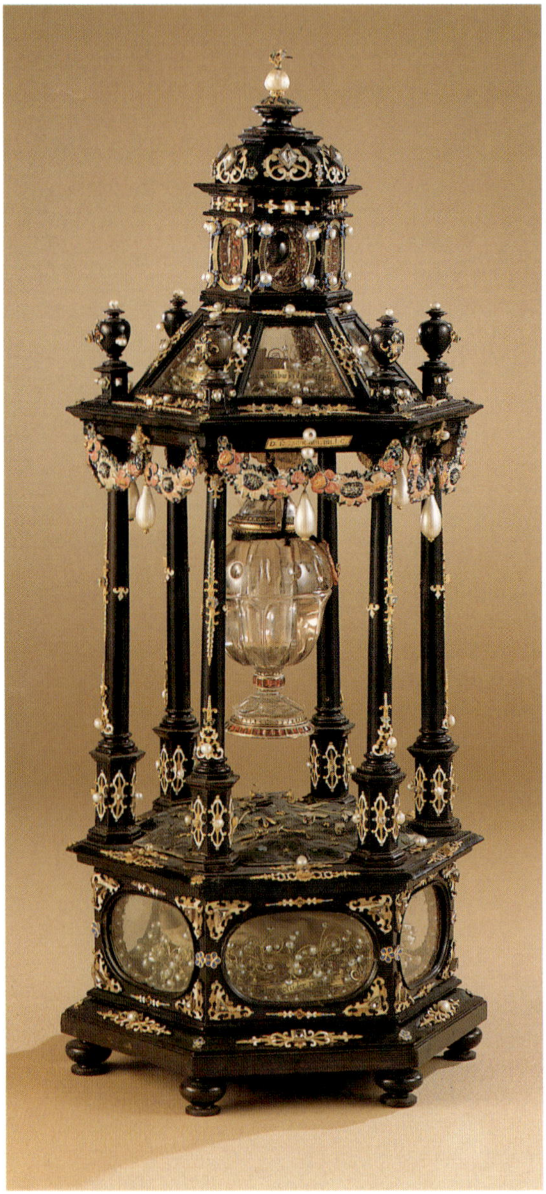

Tempietto con reliquie di Cristo
Mantova, fine del XVI secolo.
Legno duro, rivestito d'ebano, placcato d'oro, argento, diamanti, granata, perle, cristallo di rocca;
Altezza 49 cm
(n. inv. D 23)

Era antica credenza che il vaso di cristallo di rocca sorretto dalle colonnine contenesse delle gocce del sangue di Cristo. Nel tetto del tempietto sono conservate altre sei reliquie della passione. Nella base si trova un lembo di lino intriso del sangue di Cristo.

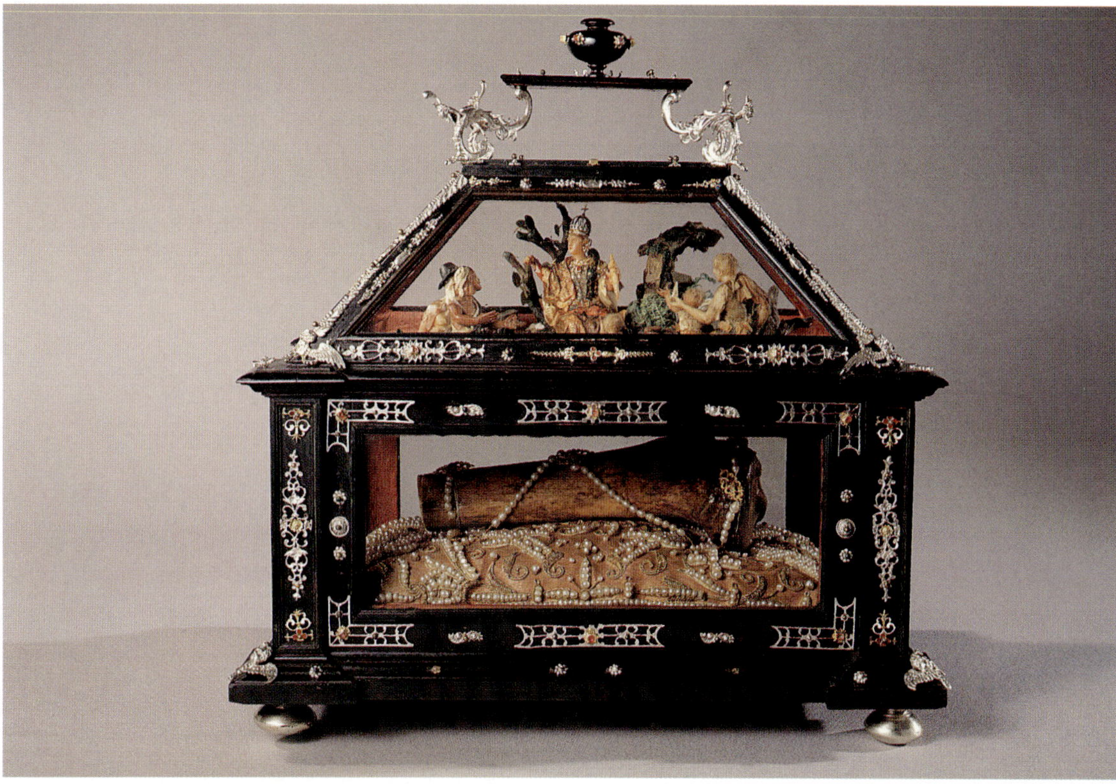

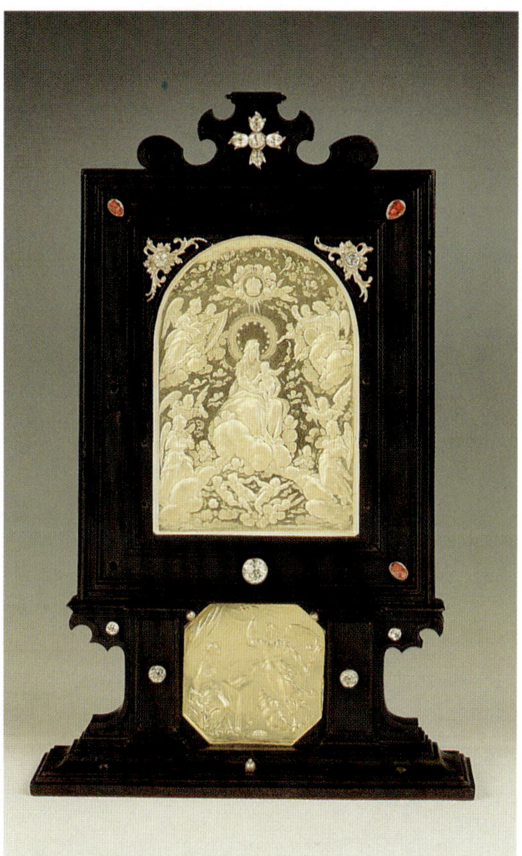

Reliquiario di Santa Elisabetta
Augsburg, inizi del XVII secolo.
Armatura di legno duro, rivestimento di ebano, argento, parzialmente dorato e smaltato, rubini, perle, seta, treccia in oro, cera;
31 x 30,4 x 19 cm
(n. inv. D 48)

Sopra la reliquia, una metà della tibia di Santa Elisabetta di Turingia (1207-31), sta un modello in cera della Santa mentre dà da mangiare ai poveri

Altarino con intagli su cristallo di rocca lavorato
Monaco, fine del XVI secolo, da un disegno di Cristooph Schwarz (1548-92).
Legno duro, rivestimento di ebano, cristallo di roccia, lamina in oro, argento, almandino;
25,5 x 16,5 cm
(n. inv. Kap. 181)

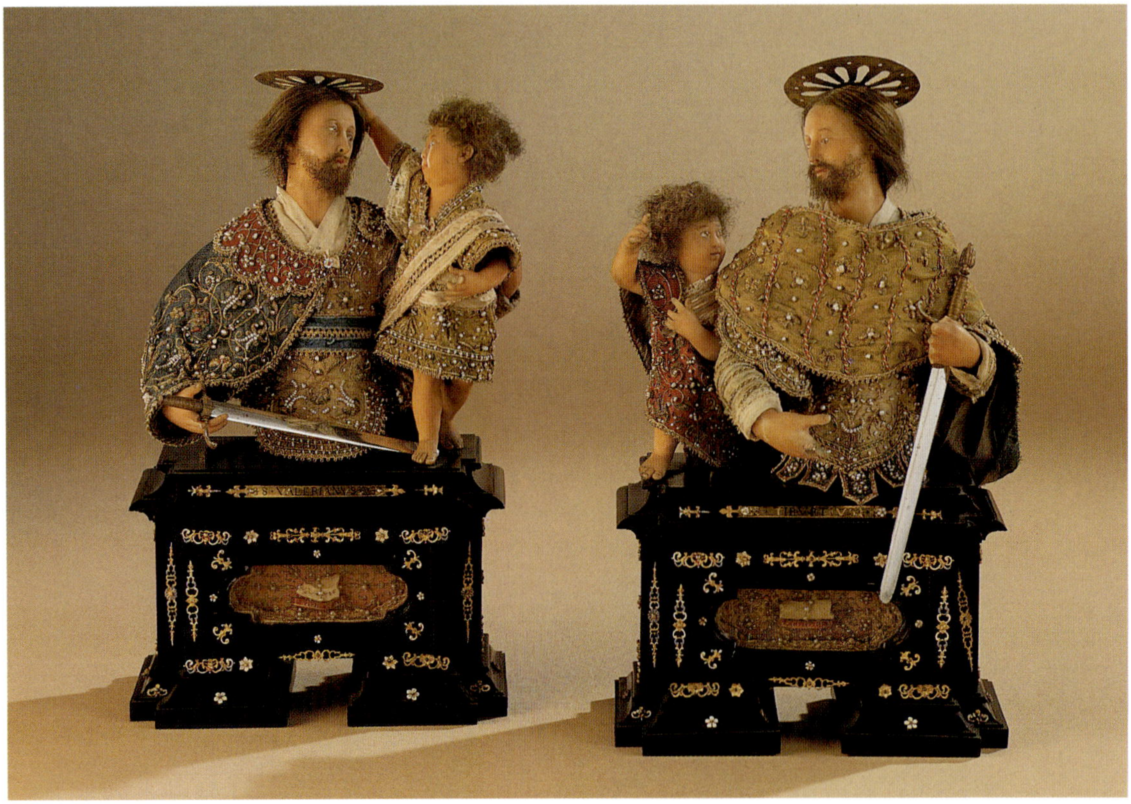

Due reliquiari con mezzibusti di San Valeriano e San Tiburzio in cera
Monaco, inizio del XVII secolo, su disegni di Hans Krumper (1570-1643). cera, tessuto, perle, legno duro, intarsio in ebano, oro smaltato, bronzo dorato; Altezza 36 cm, larghezza 22,5 cm (n.inv. D 70, D 71)

In origine i putti porgevano ai santi corone di lauro. Le reliquie nei cofanetti furono sostituite nel 1780 con reliquie di San Maurizio e San Crispino.

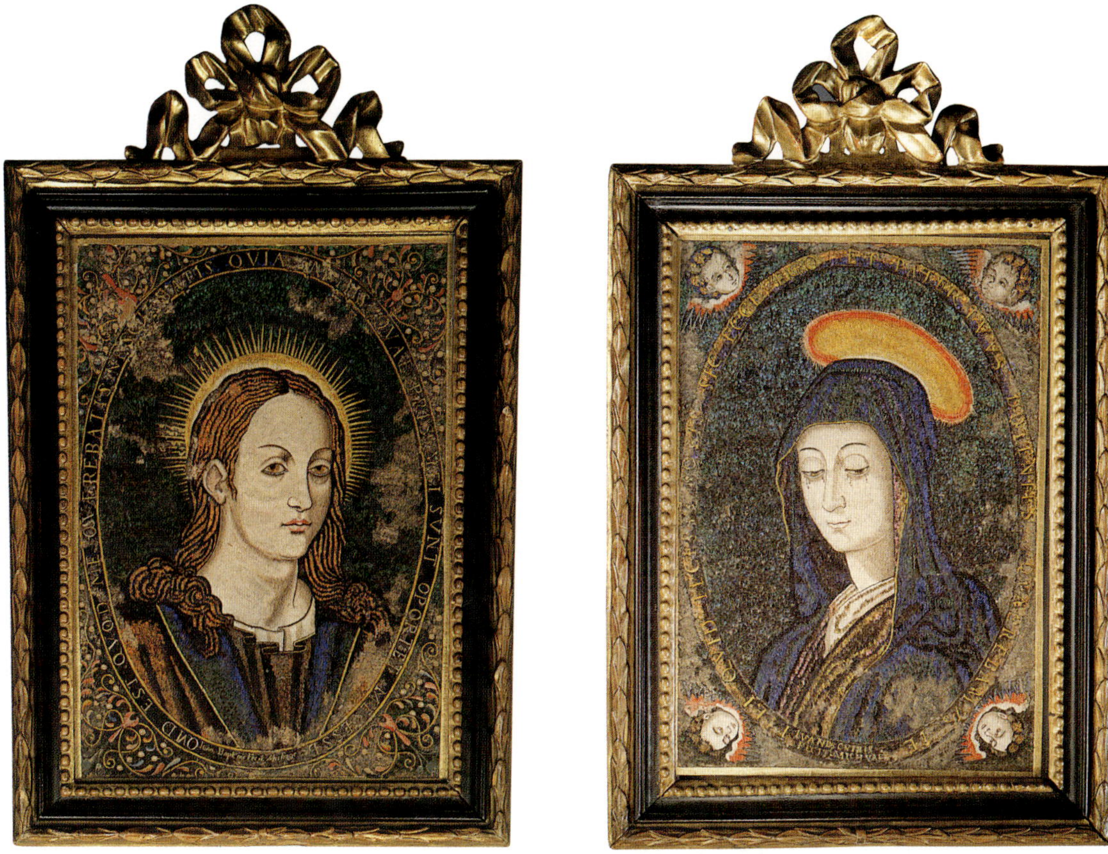

Due mosaici di piume con Cristo e Maria
Juan Baptista Cuiris, Michoacán (Pátzcuaro)
Messico, 1550-80 circa.
Piume di colibrì e pappagallo su fondo in carta, legno;
25,4 x 18,2 cm, con cornice: 38 x 24.3 cm
(n. inv. Kap 321, Kap 322)

Questi due oggetti sono gli unici mosaici di piume firmati dall'artista. Essi furono realizzati secondo la tradizione artigiana dei Tarasks in laboratori creati da Vasco de Quiroga (1537-56), primo vescovo della provincia di Michoacán.

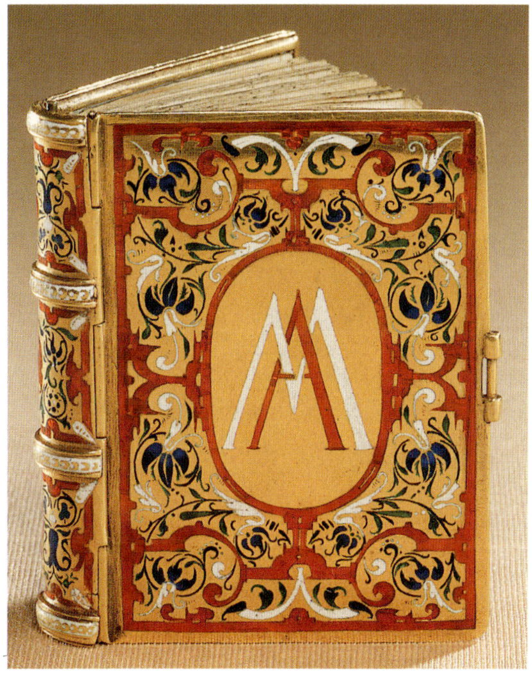

Libro di preghiere di Ferdinando II (1578-1637)
Augsburg (?), 1590.
Oro smaltato, pergamena con bordo dorato;
6 x 4,8 cm, dimensioni della pagina 5,6 x 4,4 cm
(n. inv. D 27)

Il futuro imperatore ricevette il libro in dono dai suoi genitori, quando si dovette recare alla scuola gesuita di Ingolstadt nel 1590.

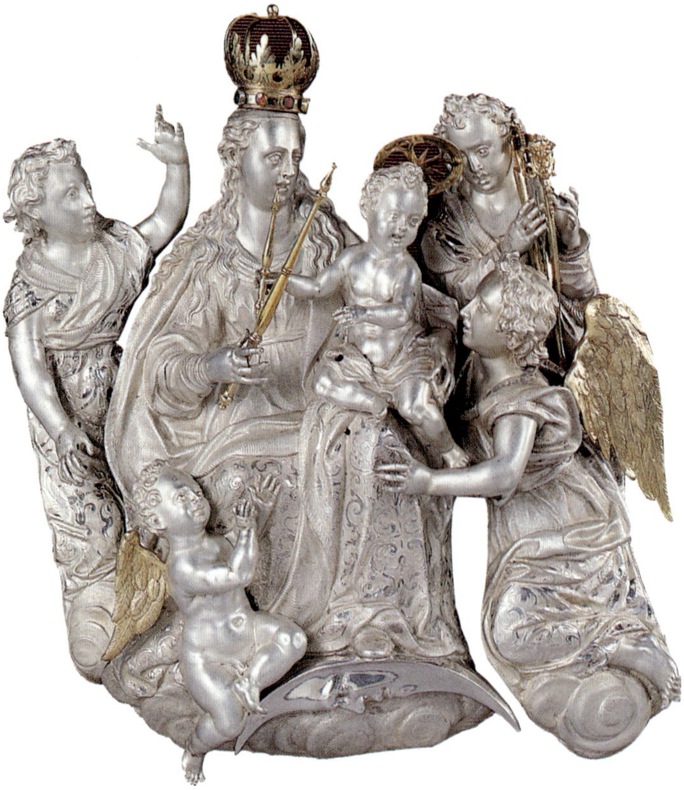

Madonna sul trono col Bambino e angeli in adorazione
Rilievo in argento da un altare.
Augsburg, 1600 circa.
Argento, doratura parziale, almandini;
Altezza 33 cm, larghezza 25 cm
(n. inv. Kap. 2089)

Cassetta per reliquie
Venezia (?), terzo quarto del XVI secolo.
Legno dipinto in nero e dorato, sardonice, lapislazzuli, acquerello su pergamena;
26 x 48 x 31 cm
(n. inv. D 185)

L'interno del coperchio è intarsiato con piastrine di lapislazzuli; al centro sta una miniatura di Joris Hoefnagel (1542-1600) che rappresenta l'ascensione in cielo di Cristo.

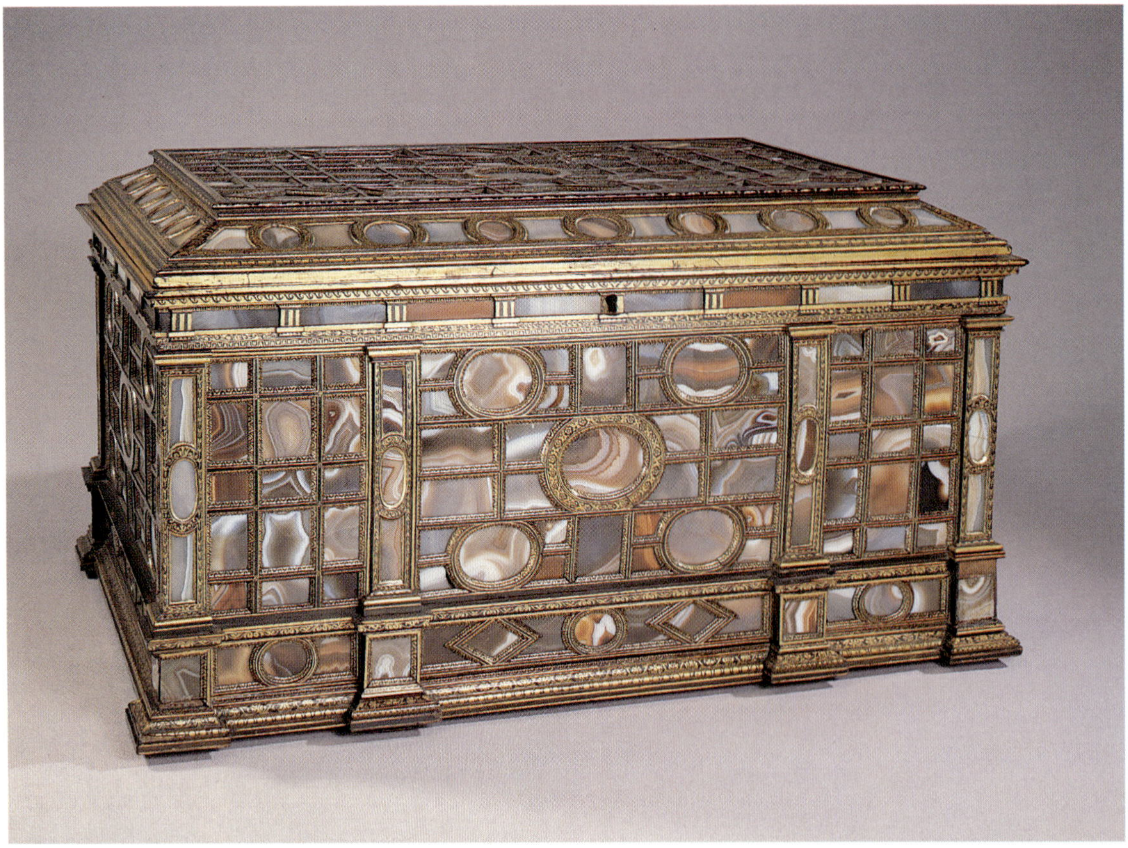

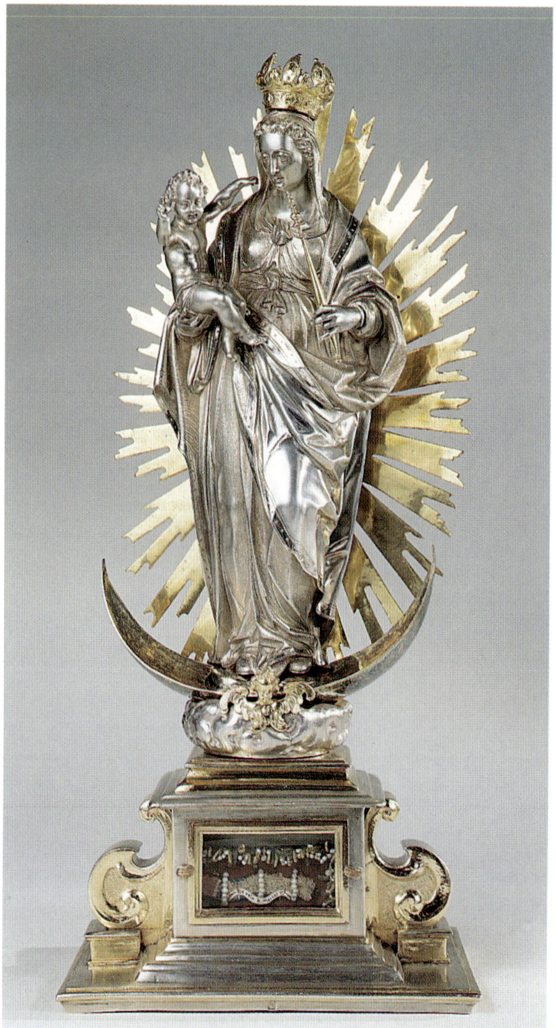

Madonna su mezzaluna
Madonna: Cristoph Lencker
(circa 1556-1613).
Base: Jeremias I Wildt († 1608).
Augsburg, 1608-13 circa.
Argento, doratura parziale;
Altezza 42,5 cm, larghezza 19 cm,
profondità 13 cm
(n. inv. Kap 21)

Secondo le iscrizioni, le reliquie contenute nella base sono frammenti del velo di Maria. La forma della statuetta richiama quella della famosa statua della Madonna realizzata da Hubert Gerhard (1593), e posta sulla sommità della colonna di Maria a Monaco.

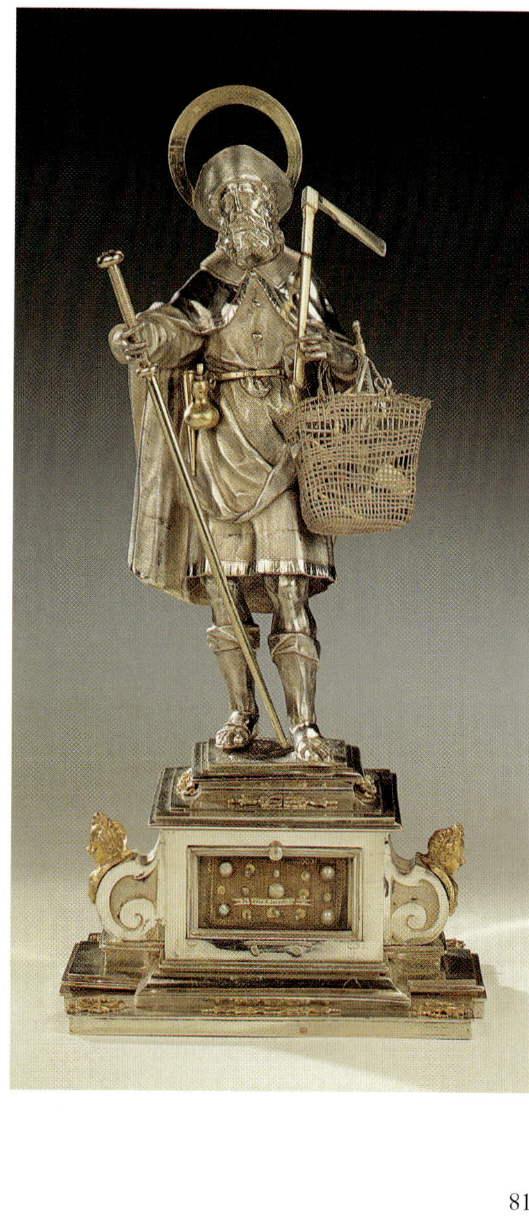

San Giuseppe
Augsburg, 1620-25 circa.
Base recante la firma di Hans Jakob I
Bachmann (attivo nel 1598-1651).
Argento, doratura parziale;
Altezza 40,5 cm, larghezza 20 cm,
profondità 14,5 cm
(n. inv. Kap 22)

Pezzo che si accompagna alla statuetta della Madonna. La figura mostra Giuseppe come un falegname viandante, con i suoi strumenti. Secondo l'iscrizione la reliquia contenuta nella base sarebbe parte del mantello di Giuseppe usato per avvolgere Gesù neonato.

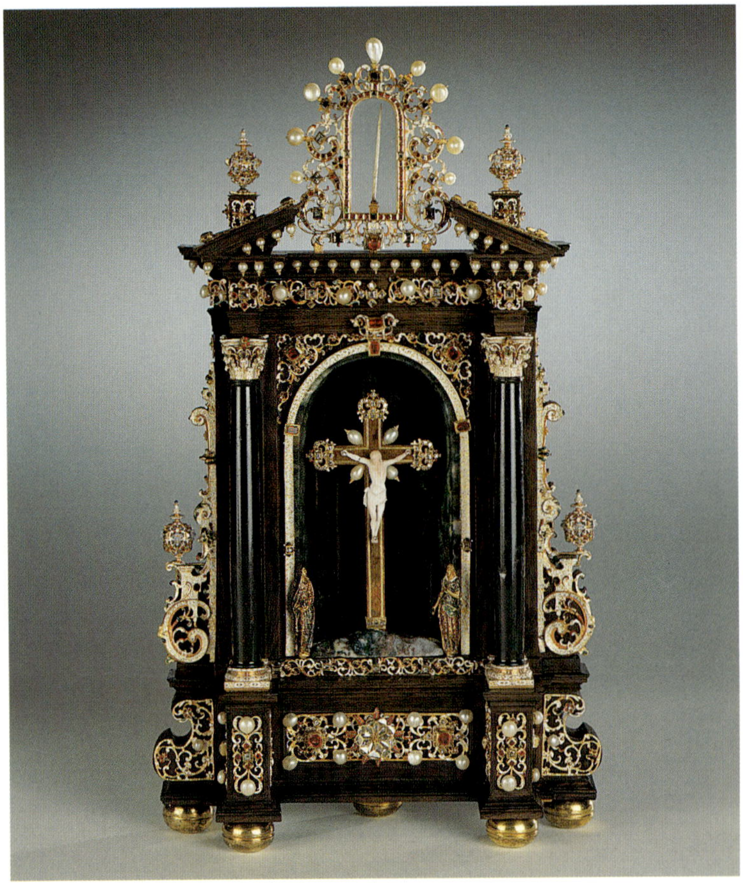

Altarino reliquiario
Atelier del Miseroni, Milano, inizio del XVII secolo.
Armatura in legno duro, rivestimenti di ebano, diaspro, agata, cristallo di rocca, oro smaltato, diamanti, rubini, perle;
Altezza 44,2 cm, larghezza 26 cm
(n. inv. Kap. 221)

Dono del duca Carlo Emanuele di Savoia (1562/80-1630) all'imperatrice Anna (moglie dell'imperatore Mattia) risalente al periodo tra il 1611 e il 1618. Sulla sommità, dietro al cristallo di rocca, è conservata una spina della corona di Cristo. Il crocifisso di agata, riposto nella nicchia di diaspro verde è fiancheggiato dalle due figure in oro smaltato di Maria e Giovanni.

Due ostensori per reliquie
Ottavio Miseroni (1567-1624).
Praga, 1620 circa.
Agata, diaspro, lapislazzuli, diamanti, rubini, perle, oro smaltato, argento dorato;
Altezza 30 e 33,5 cm,
larghezza 19 cm
(n. inv. Kap. 219, Kap 220)

I medaglioni al centro sono rilievi 'commessi' (commessi di pietre dure) e ritraggono la Madonna col Bambino e Santa Anna con Gesù Bambino e Maria. Entrambi recano la firma di Ottavio Miseroni. Le reliquie nella base delle Edicole appartengono una alla 'camicia della Nostra Signora' e l'altra è un frammento della veste di Anna. L'imperatrice Anna ordinò che fossero realizzati i due reliquiari nel suo testamento del 10 novembre 1618.

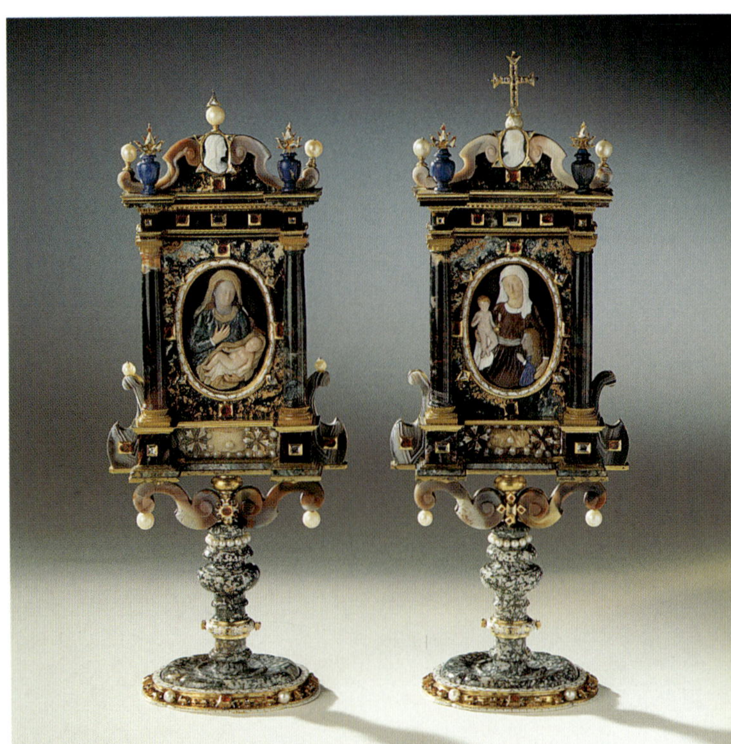

Crocifisso
Leonhard Kern (1588-1662)
Schwäbisch Hall, 1625-30 circa.
Legno dipinto in nero e legno di noce (?)
Altezza del corpo fino alla sommità del capo 53,6 cm, larghezza delle braccia aperte 53,3 cm
(n. inv. E 109)

Il fisico possente, la cui rappresentazione frontale richiama i grandi lavori rinascimentali degli inizi del XVI secolo, fu ritenuto per lungo tempo opera di Albrecht Dürer. E ciò accadde con l'incisione su rame dello stesso soggetto, realizzato da Franciscus van de Steen da un disegno di Nicolas van Hoy attorno al 1650. Il crocifisso mostra dunque come Leonhard Kern sia stato uno dei più importanti protagonisti del 'Rinascimento di Dürer' nella prima metà del XVI secolo.

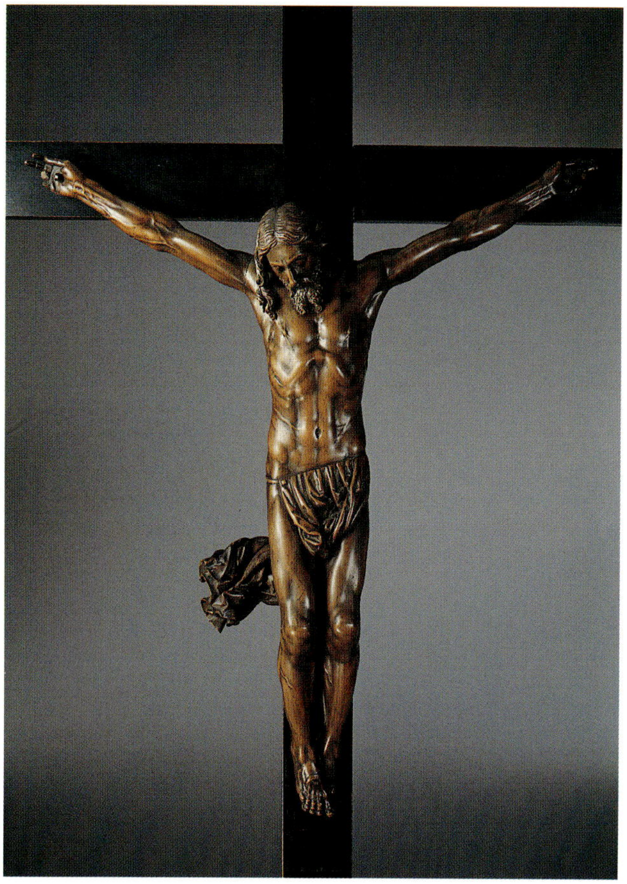

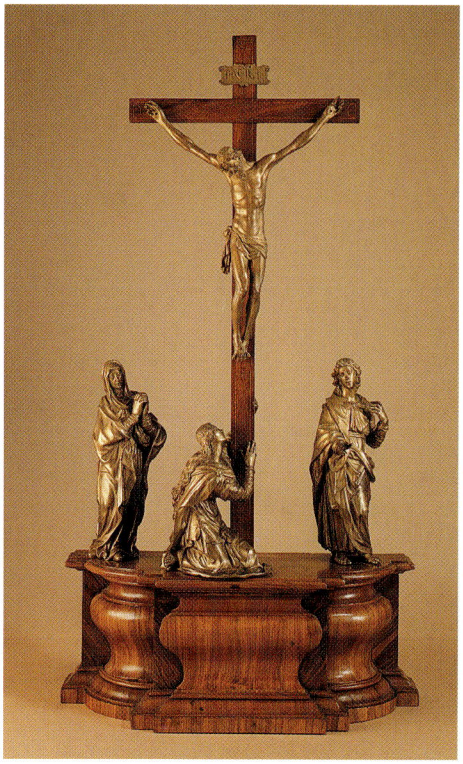

Gruppo della crocifissione
Sud della Germania, primo quarto del XVII secolo.
Bronzo patinato in bruno chiaro, legno;
Altezza del crocifisso 101,5 cm
(n. inv. E 34)

La figura di Cristo è nello stile sviluppato nei tardi anni '80 del XVI secolo dal Giambologna a Firenze e poi diffusosi un po' ovunque in Italia. Tuttavia, siccome le figure sotto la croce (Maria, Giovanni, Maria Maddalena) appartengono alla tradizione stilistica della scultura di Monaco del 1600, si ritiene che il gruppo della crocifissione risalga a questo circolo.

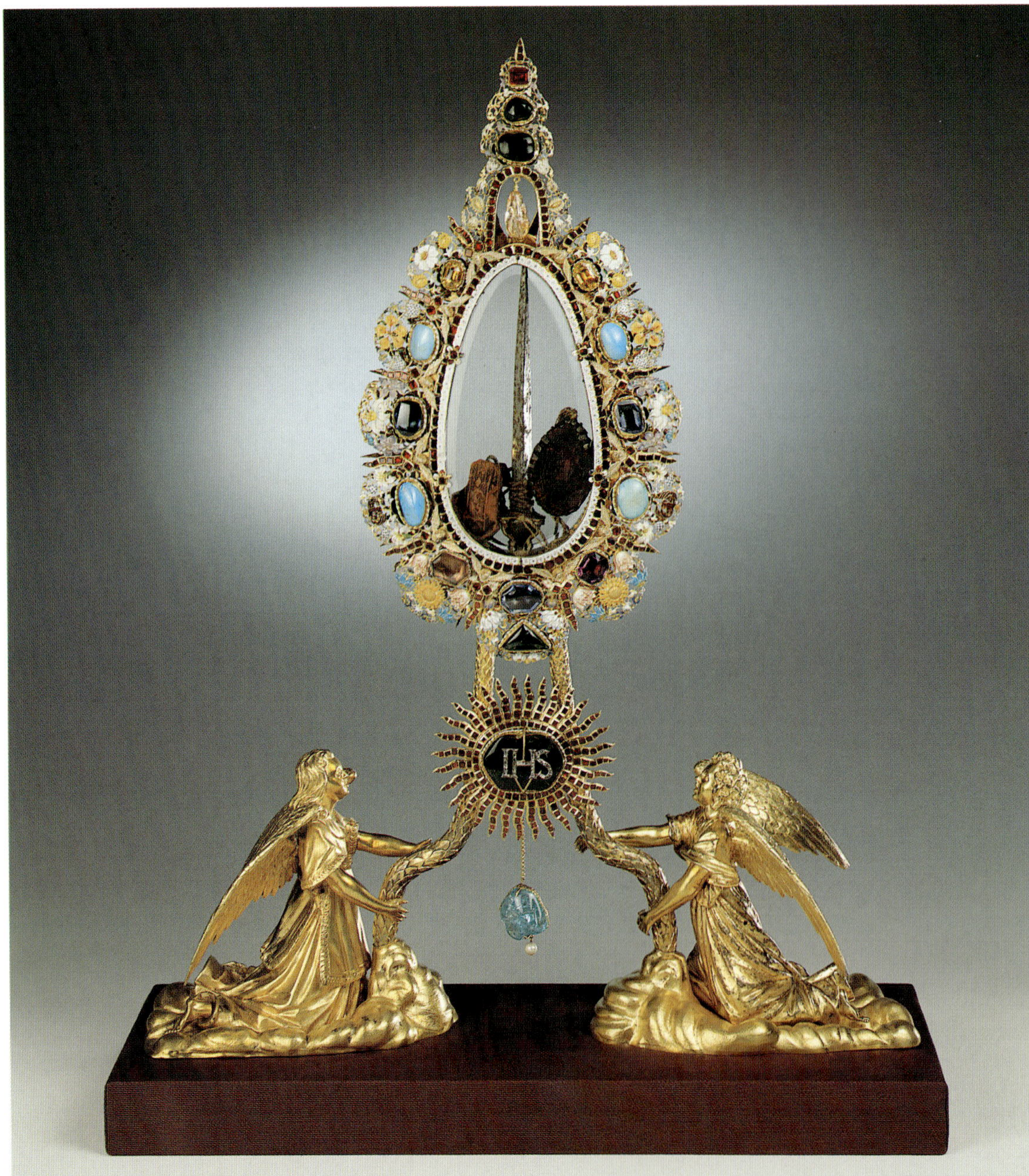

Ostensorio con un chiodo della croce di Cristo
Augsburg (?), metà del XVII secolo.
Oro, parzialmente smaltato, argento dorato, ottone dipinto, ferro, smeraldi, zaffiri, topazi, acquemarine, ametiste, turchesi, zircone, cristallo di rocca, granati, perle e vetro;
Altezza 79.6 cm
(n. inv. D 62)

La montatura a forma di mandorla mostra il chiodo che si diceva fosse stato affondato nella mano destra di Cristo sulla croce, e che più tardi, l'imperatore Costantino il Grande aveva fatto sistemare nel suo elmo. Questo almeno affermò in un documento papa Innocenzo II (1130-43), il cui sigillo può essere scorto dietro al chiodo. Il potere taumaturgico del chiodo era ritenuto così grande che i visitatori erano soliti sfregare i loro rosari contro la capsula, nella speranza che un po' di questo potere si trasferisse ad essi.

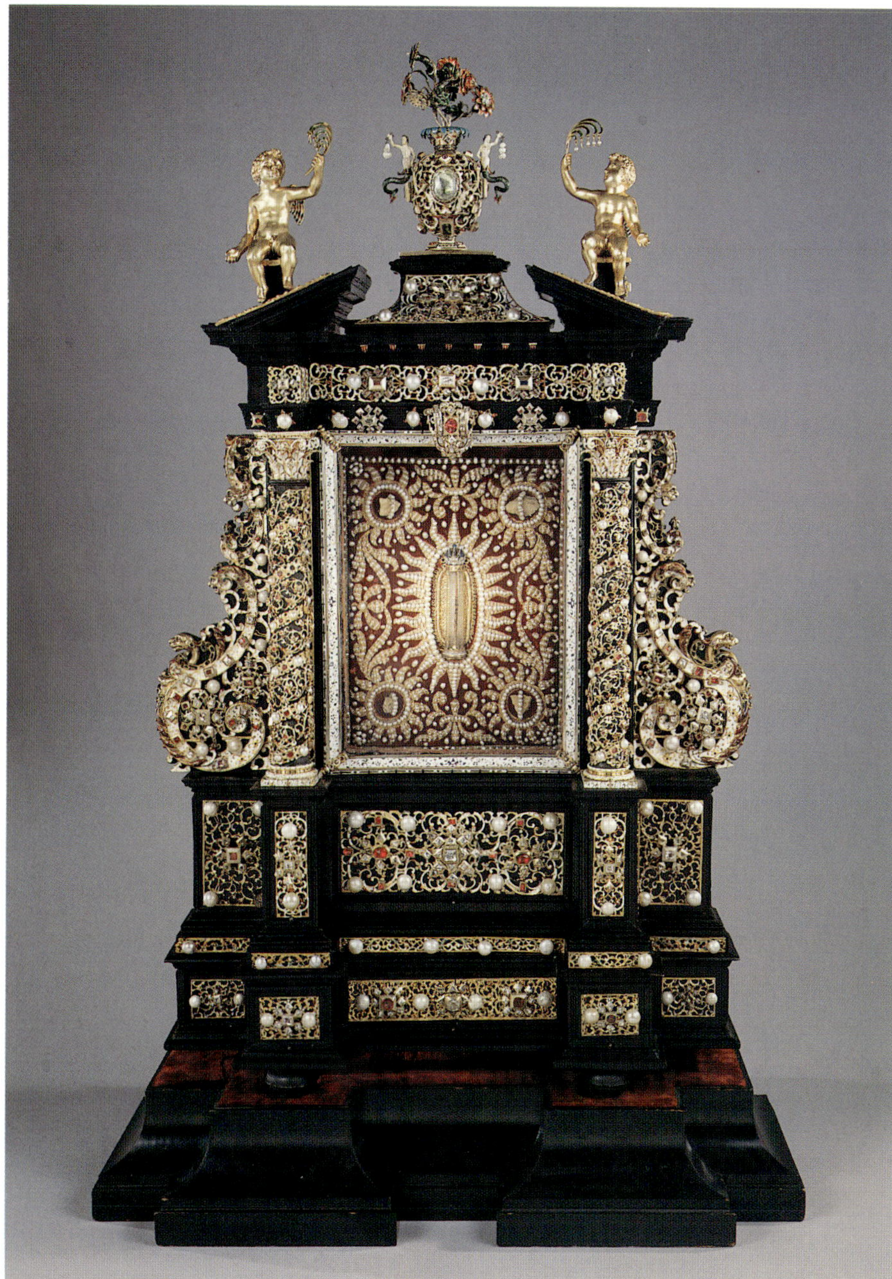

Altarino reliquiario con spina della Corona di Cristo
Milano (?), 1660-80 circa
Armatura di legno duro con rifinimenti in ebano, oro smaltato, argento dorato, ottone dorato, diamanti, pietre preziose, gemme, perle, axiniti, perline vitree;
Altezza 70 cm; base: altezza 12 cm
(n. inv. D 59)

Le forme particolari dei vari elementi decorativi si stemperano in una ornamentazione globale di insuperabile ricchezza. Una L incoronata e l'iscrizione 'ERIT UNICA MIHI' (apparterrà a me soltanto) sul retro del vaso da fiori del pezzo posto alla sommità, si riferiscono all'imperatore Leopoldo I.

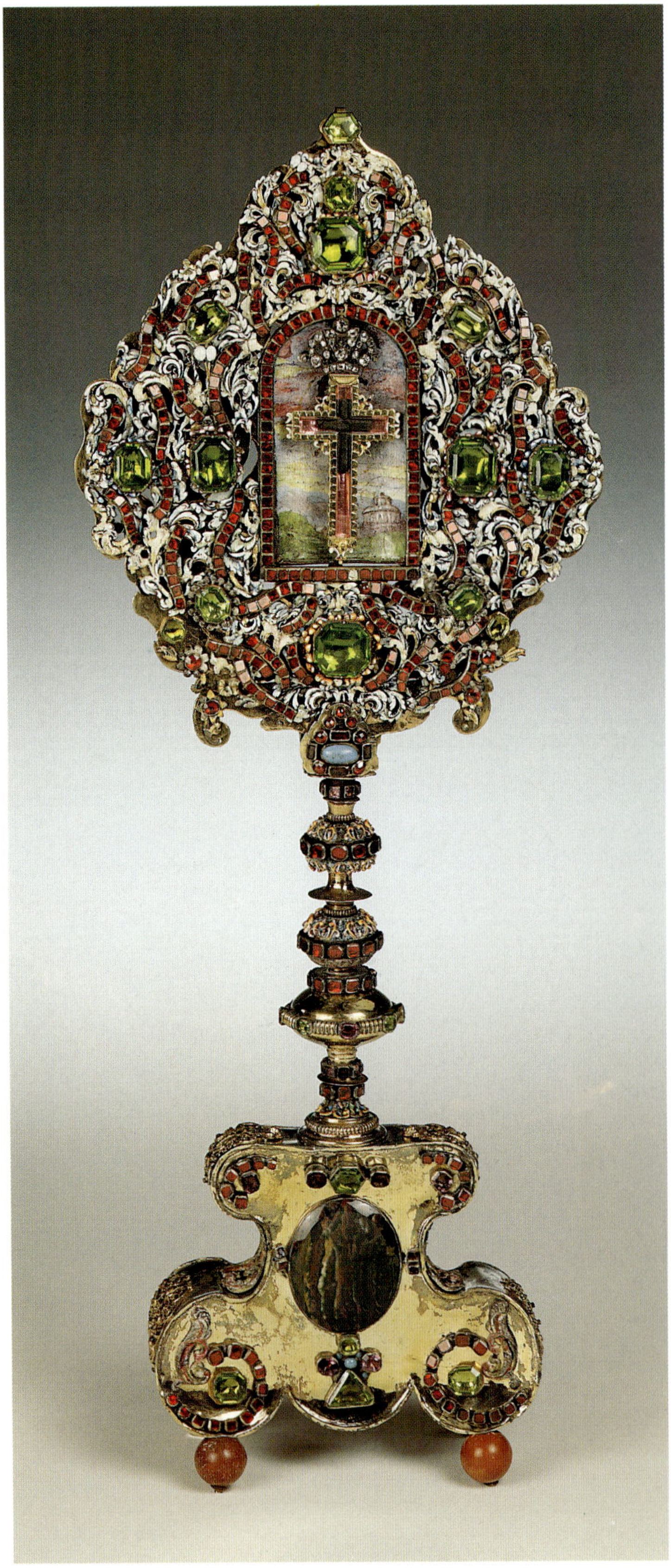

Reliquiario con frammento della croce di Cristo, il cosiddetto ostensorio dell'Ordine della Croce Stellata
Vienna o Augsburg, 1668 circa.
Oro, argento dorato e smaltato, diamanti, crisoliti, granati, ametiste, agate, corniole;
Altezza 53,5 cm
(n. inv. D 25)

Questo frammento della croce si salvò miracolosamente da un incendio divampato nella Hofburg nel 1668. Esso apparteneva allora all'imperatrice madre Eleonora Gonzaga. Fu in quella occasione che venne disposta la realizzazione di un reliquiario e venne altresì fondato il principale Ordine della casata d'Austria per dame, l'Ordine della Croce Stellata.

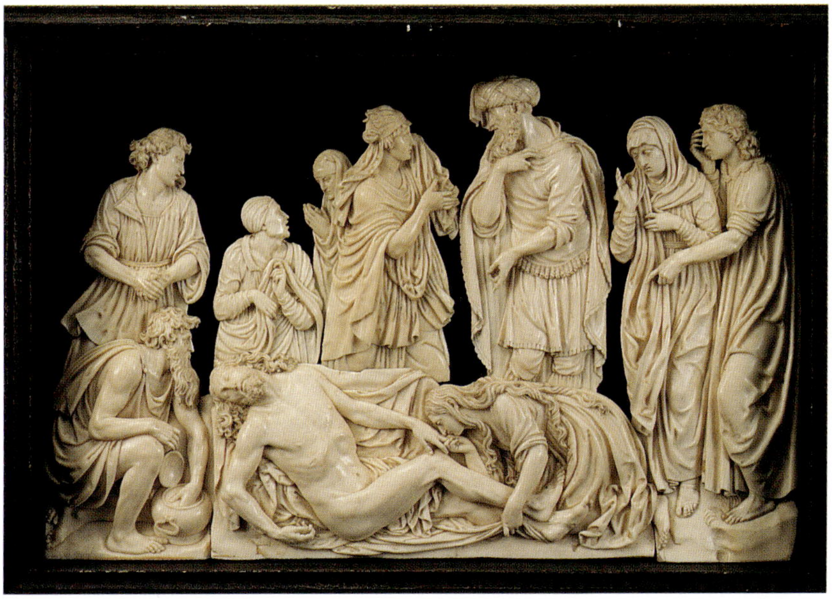

Lamentazione e unzione di Cristo
Leonhard Kern (1588-1662)
1615-20 circa.
Avorio e ebano in teca di legno con vetro;
Altezza 24,5 cm, larghezza 40,2 cm
(n. inv. D 198)

La forte influenza italiana e il carattere additivo della composizione fanno pensare a un'opera giovanile dell'artista, il quale aveva trascorso in Italia alcuni anni studiando e viaggiando.

Allegoria della morte dell'imperatore Ferdinando III
Daniel Neuberger (1621-80).
Vienna, 1660 circa.
Cera, brillanti, sabbia ghiaiosa e variopinta, in scatola rivestita d'ebano sotto vetro;
Altezza 36,5 cm, larghezza 46,5 cm
(n. inv. Kap. 244)

C'è una clessidra accanto all'imperatore (morto nel 1657) e nove scheletri gli danzano intorno in una danza macabra. La clessidra sta a significare che la morte non risparmia neanche gli imperatori, ma una mano dall'alto reca un nastro con su scritto 'VIVIT' (egli vive) che serve a ricordare il conforto della vita eterna.

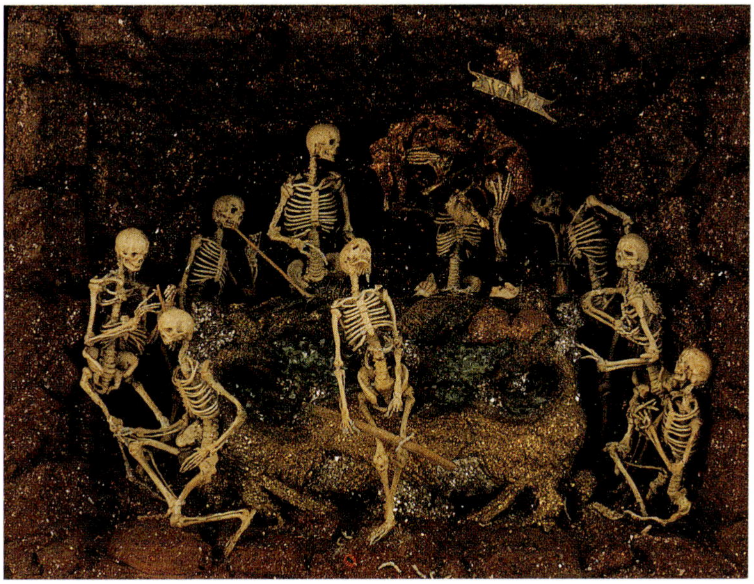

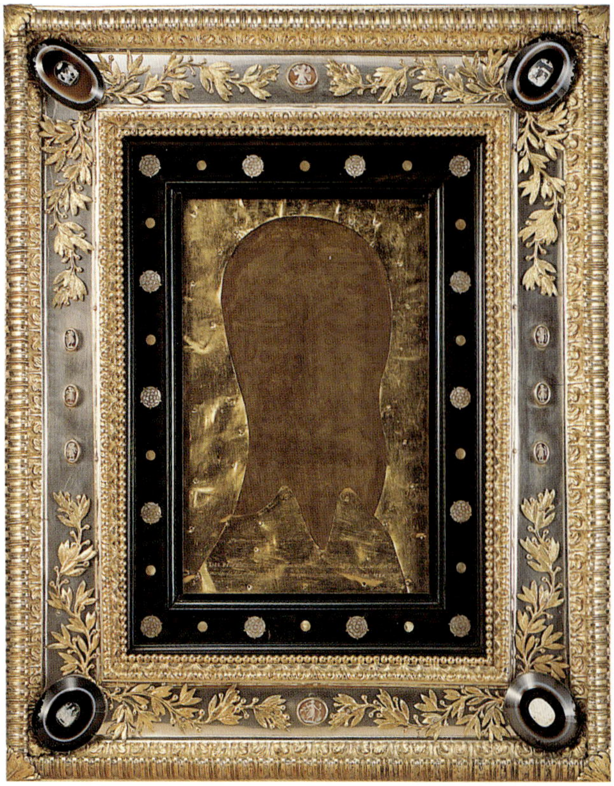

Sudario della Veronica (il Sudarium)
Cornice: Roma, 1617 e Vienna 1721 (?) circa.
Lino, ebano, argento, in parte dorato, rame dorato, madreperla, cammei in onice, avorio;
Altezza 58,5 cm, larghezza 48,4 cm
(n. inv. D 108)

Il sudario comparve a Roma e fu dato in dono dalla principessa Savelli all'imperatore Carlo VI nel 1720. Siccome di reliquie simili ve ne sono diverse, si era instaurata la credenza che Veronica avesse piegato in tre un velo, di modo che il sangue e il sudore di Cristo sarebbero passati attraverso i tre strati di tessuto. Questa reliquia era considerata 'uno dei più notevoli oggetti del tesoro sacro imperiale e della residenza imperiale di Vienna'.

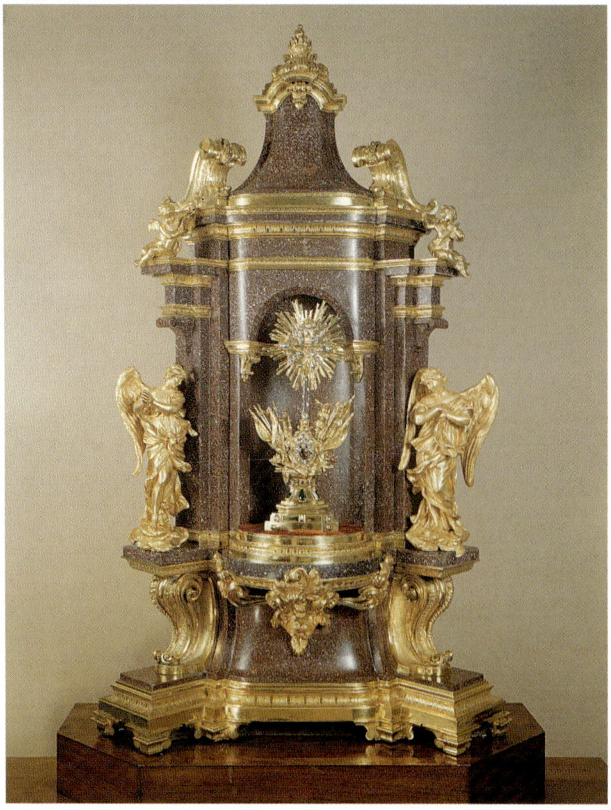

Tabernacolo con ostensorio per un frammento della croce di Cristo
Giovanni Giardini da Forlì (1646-1721)
e Pietro Paolo Gelpi (1664-1751), Roma 1711.
Porfido, bronzo dorato, argento dorato, cristallo di rocca, diamanti, rubini, vetro;
Altezza 122 cm, larghezza 74 cm
(n. inv. D 77)

Questo fu un regalo di Papa Clemente XI a re Carlo III di Spagna, il futuro imperatore Carlo VI. Il Papa lo fece consegnare a Carlo quando questi si trovava a Milano, in procinto di tornare in Germania per l'incoronazione. Giardini fu uno dei più importanti scultori decorativi del periodo barocco romano.

Incontro di papa Leone il Grande con il re Attila degli Unni
Ercole Ferrata (1610-86) secondo Alessandro Algardi (1598-1654), Roma, 1660 circa.
Bronzo dorato a fuoco,
Cornice: bronzo, rame, argento;
Altezza 98 cm, larghezza 59,5 cm
(n. inv. D 164)

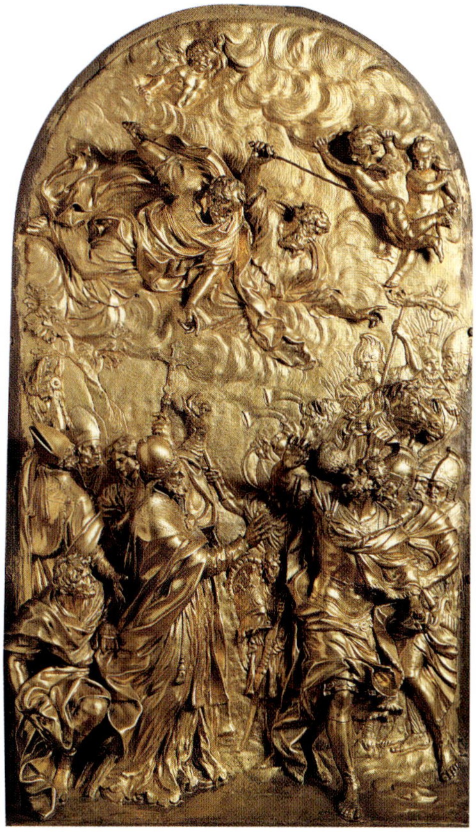

Alessandro Algardi realizzò questo soggetto tra il 1646 e il 1653 in un colossale bassorilievo in San Pietro a Roma e questa opera fu decisiva per la sua reputazione internazionale. Le versioni di taglia ridotta, realizzate da Ercole Ferrata secondo il modello dell'Algardi, furono utilizzate dal Papa come doni per le corti europee.

Ornamenti da altare in porcellana di Meissen
Johann Joachim Kaendler (1706-75)
Meissen, 1737-41 circa.
Porcellana, doratura parziale, colori per muffola
Boccioli: bronzo dorato
Croce su sostegno: Altezza 86,3 cm
(n. inv. KK 7078-7111)

Kaendler, il più illustre modellatore della manifattura di Meissen, creò le statuette sul modello della serie monumentale degli apostoli nella basilica di San Giovanni in Laterano a Roma. Questi ornamenti furono un dono di Augusto II di Sassonia alla suocera, l'imperatrice madre Guglielmina Amalia di Braunschweig-Lüneburg.

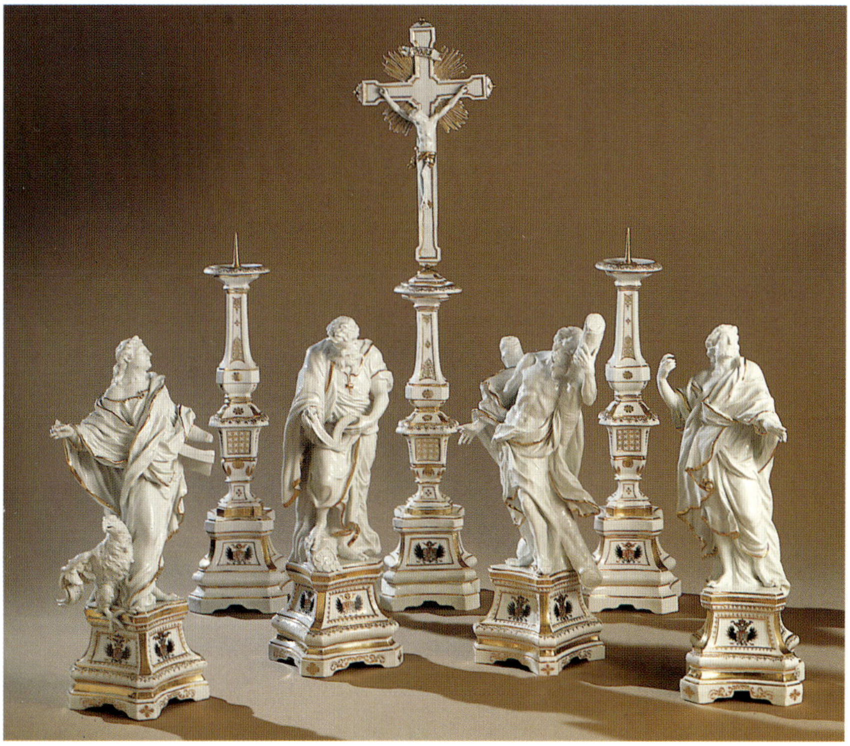

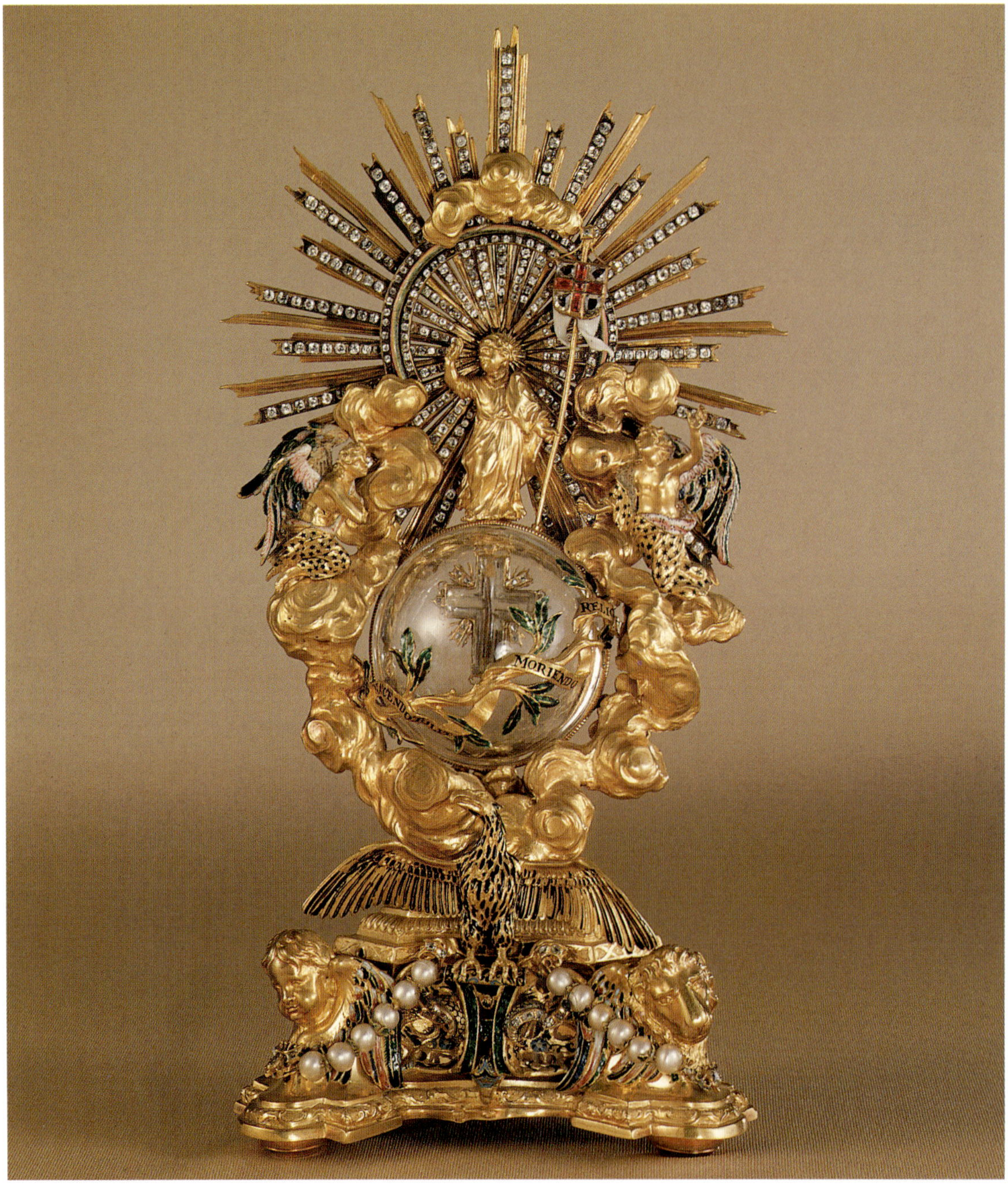

Pacificale
Giovanni Battista Känischbauer von Hohenried (1668-1739).
Vienna, 1726.
Oro, parzialmente smaltato, cristallo di rocca, diamanti, rubini, perle, vetro, argento dorato;
Altezza 25,3 cm
(n. inv. D 39)

Sopra i simboli dei quattro evangelisti sta un globo in cristallo di rocca, contenente un frammento della croce di Cristo. Ancora al di sopra, circondato da un fluente alone di santità, sta il Redentore, rappresentato come l'eterno Cristo Bambino che trionfa sulla croce e diventa il sovrano del mondo attraverso il proprio sacrificio. Il soggetto per questo reliquiario è probabilmente tratto da un disegno del grande architetto barocco di origine austriaca, Johann Bernhard Fischer von Erlach.

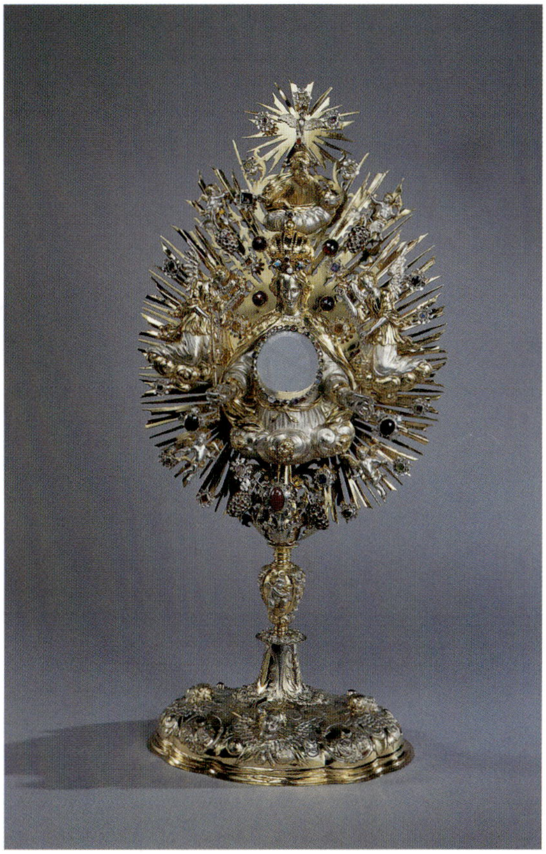

Ostensorio con figura di Maria
Zacharias Feil (attivo negli anni 1695-1742), Vienna, 1701.
Argento in parte dorato, gemme, cristallo di rocca, perle, vetro;
Altezza 66 cm
(n. inv. Kap. 88)

L'apertura in corrispondenza del corpo della Madre di Dio è disegnata per reggere e circondare l'ostia, nella quale Cristo è presente. Questo simbolicamente sottolinea il ruolo di Maria come madre di Dio, nella redenzione dell'umanità che si attua attraverso l'eucarestia.

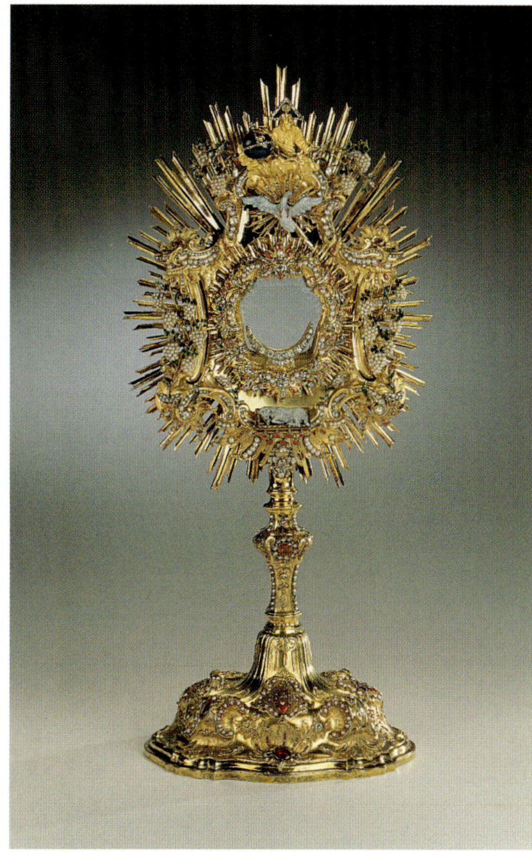

Ostensorio
Zacharias Friedrich Würth (attivo negli anni 1740-60), Vienna 1760.
Argento dorato, parzialmente smaltato, diamanti, pietre preziose, gemme, perle;
Altezza 71,5 cm
(n. inv. B 30)

La Trinità è rappresentata attraverso il Dio Padre, la colomba dello Spirito Santo e Cristo presente nell'ostia. L'agnello simboleggia la morte sacrificale di Cristo. Grappoli d'uva e foglie di vite sono simboli eucaristici.

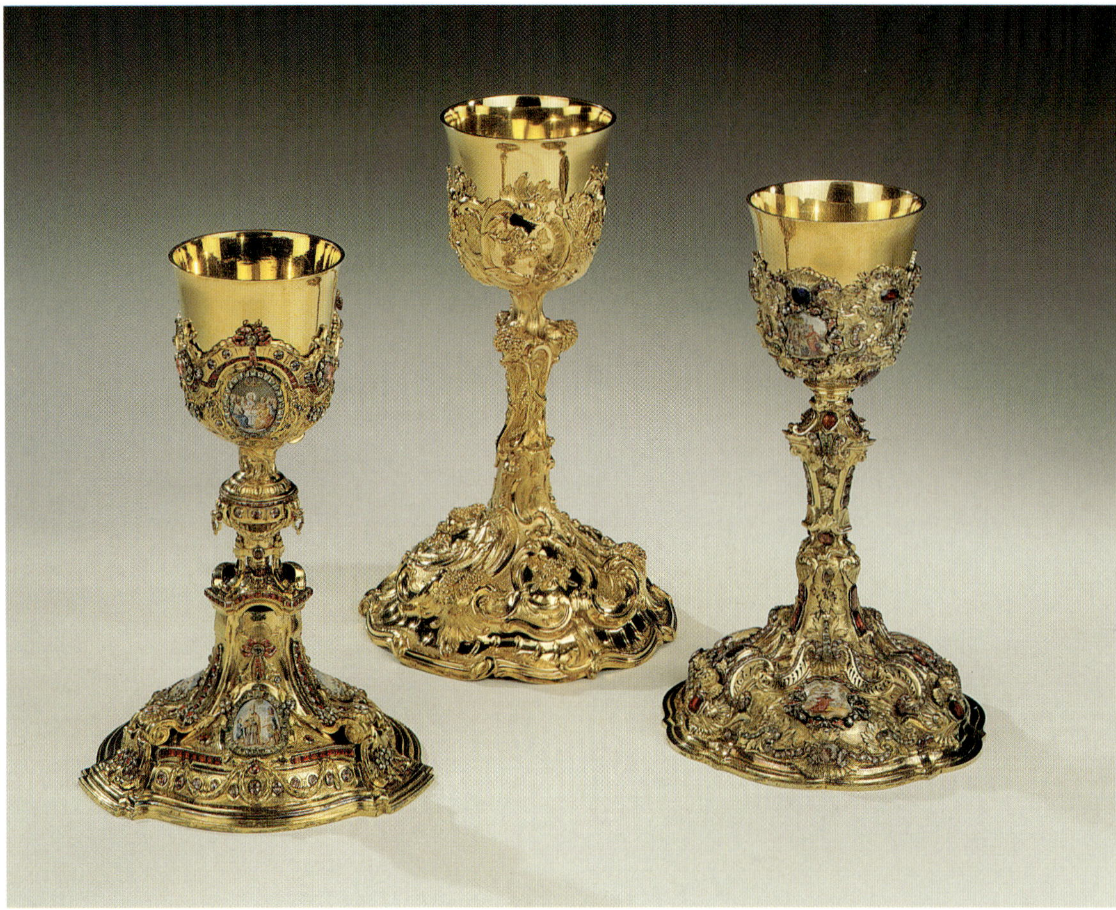

Tre calici da messa
Rispettivamente: anonimo, Josef M. Huber, Josef Moser,
Vienna, 1747, 1767, 1775.
Argento dorato, pittura a smalto, diamanti, pietre preziose, gemme;
Altezza 29,4 cm; 30 cm; 27,2 cm
(n. inv. B7, B4, B8)

I tre calici sono magnifici esempi della straordinaria qualità dei lavori prodotti dagli orafi viennesi a partire dal periodo Rococò fino agli inizi del periodo Neoclassico.

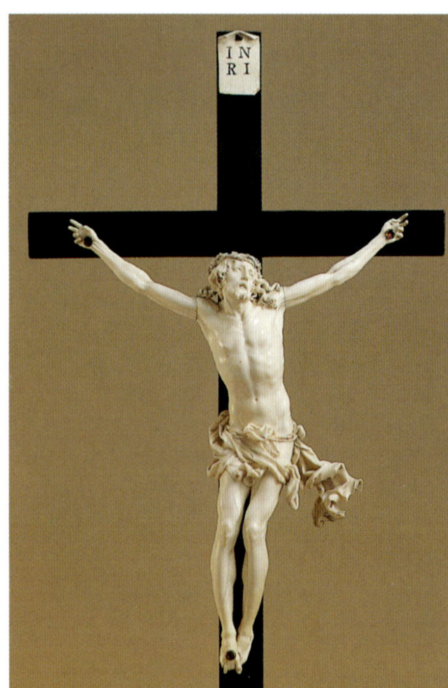

Crocifisso
Austria (?), 1710-20 circa.
Avorio, vetro, legno duro dipinto in nero;
Altezza 87,5 cm
(n. inv. E 46)

La grande capacità tecnica e l'espressività distinguono questo capolavoro, del cui virtuoso autore non si conosce ancora il nome.

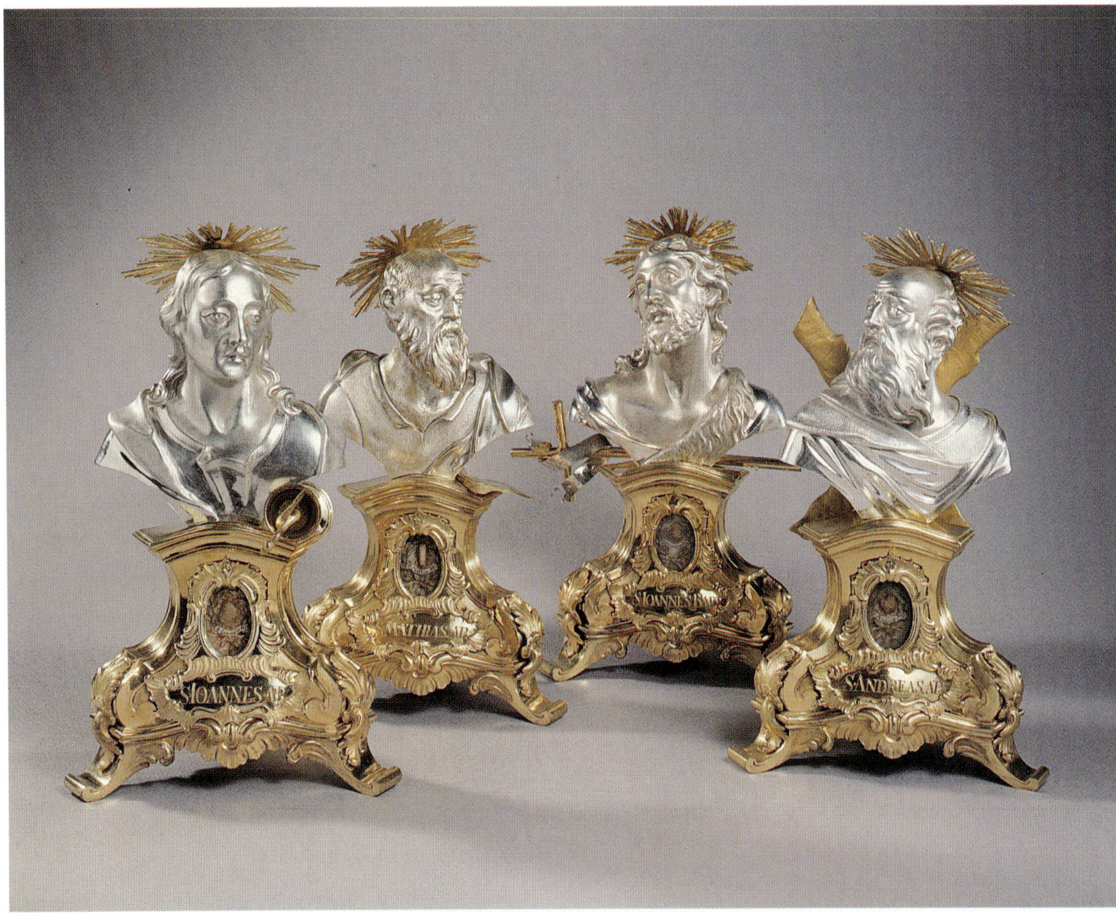

Reliquiari a forma di busto dei Santi Giovanni, Mattia, Giovanni Battista e Andrea
Josef Moser (1715-1801) e collaboratori,
Vienna, antecedente al 1758.
Argento, bronzo dorato e argentato;
Altezza 33, 35, 31, 33 cm
(n. inv. D 87, D20, D 3, D99)

I busti appartengono a una serie di quattordici e furono probabilmente commissionati dall'imperatrice Maria Teresa.

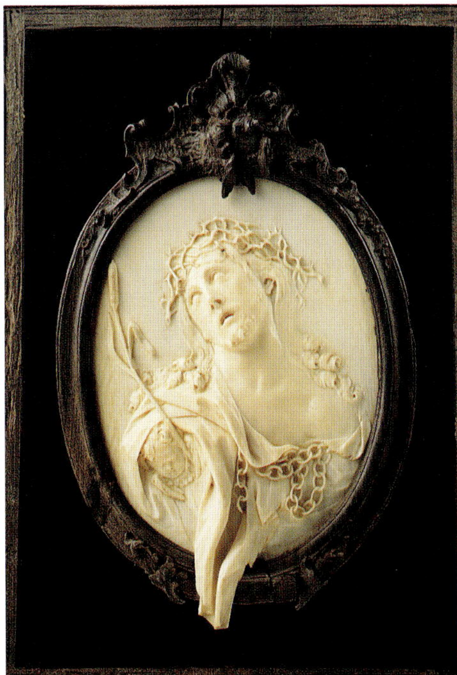

Figura di Ecce Homo a mezzobusto
Paul Egell (1691-1752), Mannheim, 1730-35 circa.
Avorio in cornice di legno duro;
Altezza 17,7 cm, larghezza 13,7 cm
(n. inv. KK 3660)

Qui tutte le possibilità della lavorazione dell'avorio sono utilizzate nel modo più sottile. La delicatezza di forme e la morbida lavorazione superficiale rendono l'effetto di una mezza ombra e fanno contrasto con gli elementi grafici dei dettagli.

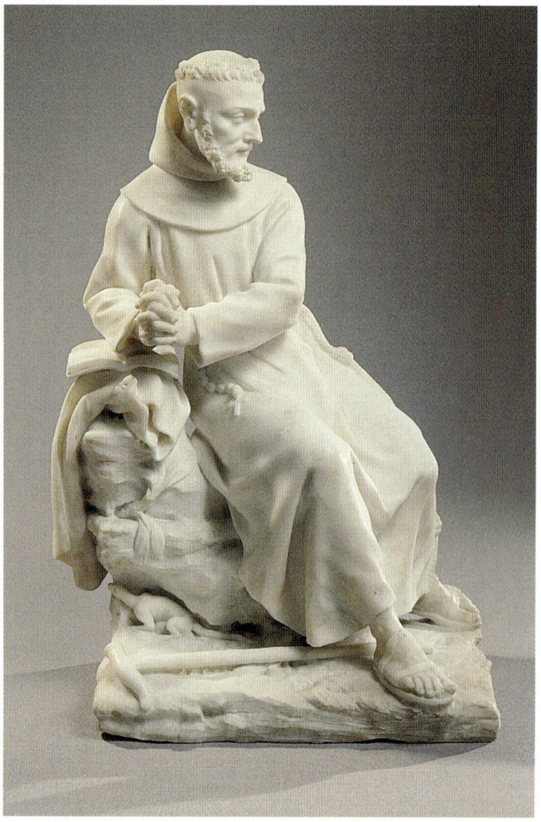

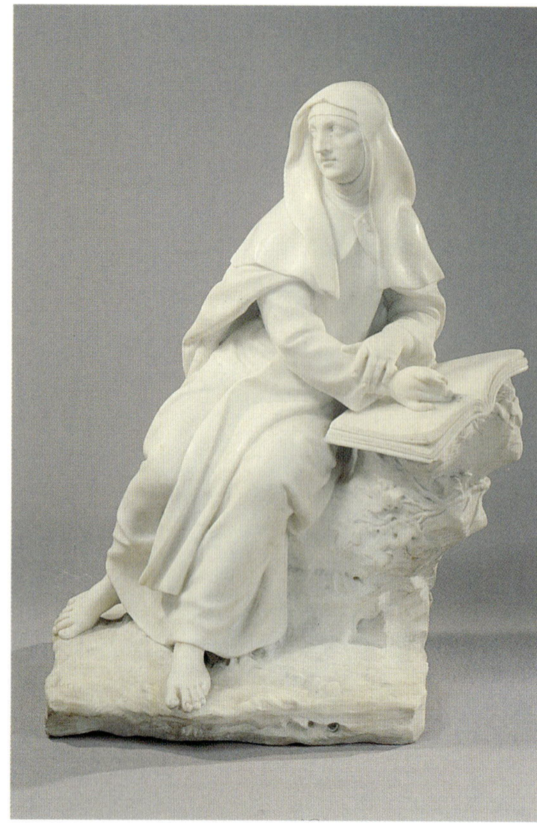

San Francesco d'Assisi
Santa Teresa d'Avila
Laurent Delvaux (1696-1778)
Nivelles, 1765.
Marmo di Carrara;
Altezza 50 cm ognuno
(n. inv. D 98 e D 94)

I due santi sono i protettori rispettivamente dell'imperatore Francesco I e dell'imperatrice Maria Teresa, in quanto omonimi.
Le due statuette furono commissionate dall'imperatrice.

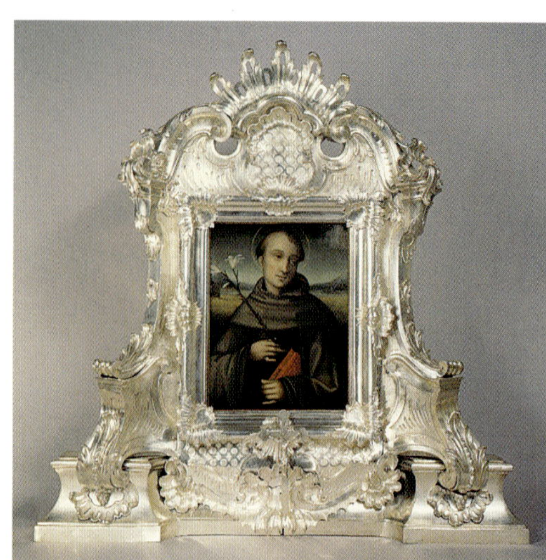

Cornice in argento con dipinto di Sant'Antonio da Padova
Cornice: Josef Moser (1715-1801), Vienna, 1747.
Dipinto: Cerchia del Franciabigio, Firenze, inizio del XVI secolo.
Argento su armatura di legno;
Altezza 100 cm, larghezza 102 cm
(n. inv. D 166)

La struttura chiaramente architettonica della cornice, anche nello stile Rococò, è caratteristica dei lavori di oreficeria viennese.

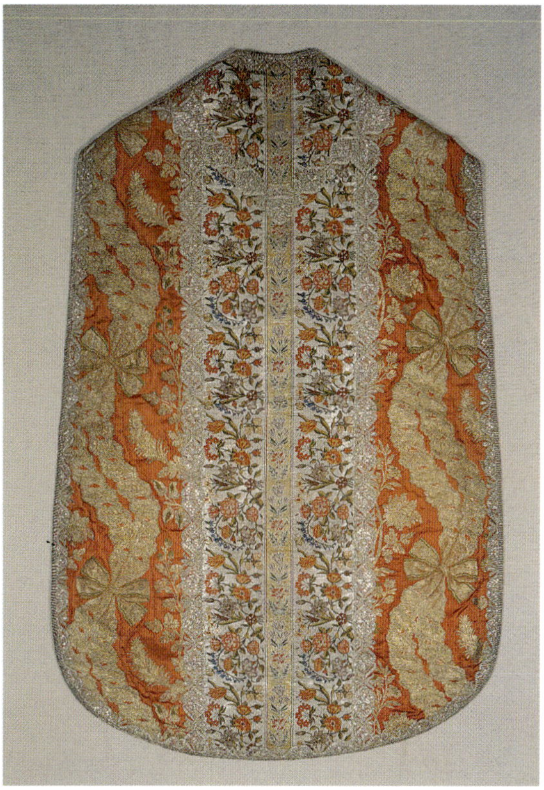

Pianeta rossa
Vienna, terzo quarto del XVIII secolo.
Tessuti di seta europea e persiana
Seconda metà del XVII secolo. La colonna è di finissimo laminato d'argento persiano broccato in oro e seta policroma, quest'ultima in parte anche laminata. Ricami in argento;
Altezza 107 cm, larghezza 72 cm
(n. inv. A 108)

Pianeta di coralli
Italia, prima metà del XVIII secolo.
Ricami in oro con coralli su argento lamé;
Altezza 106 cm, larghezza 72 cm
(n. inv. A 51)

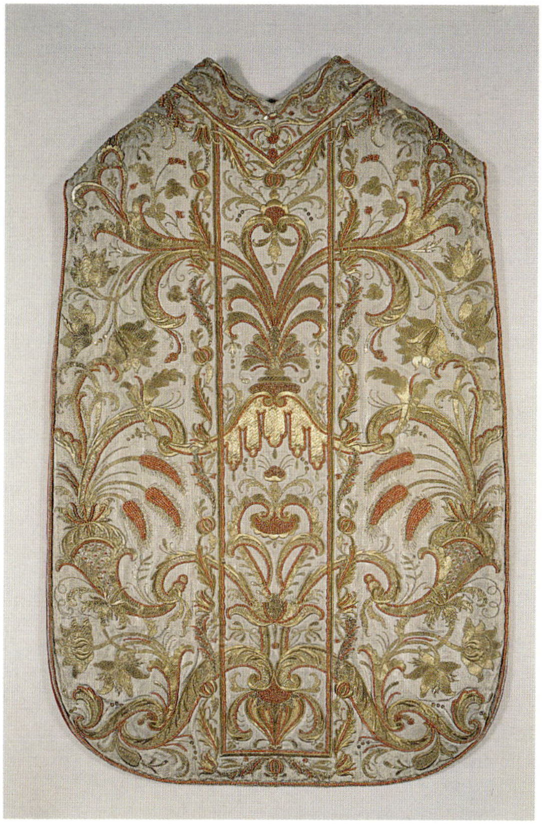

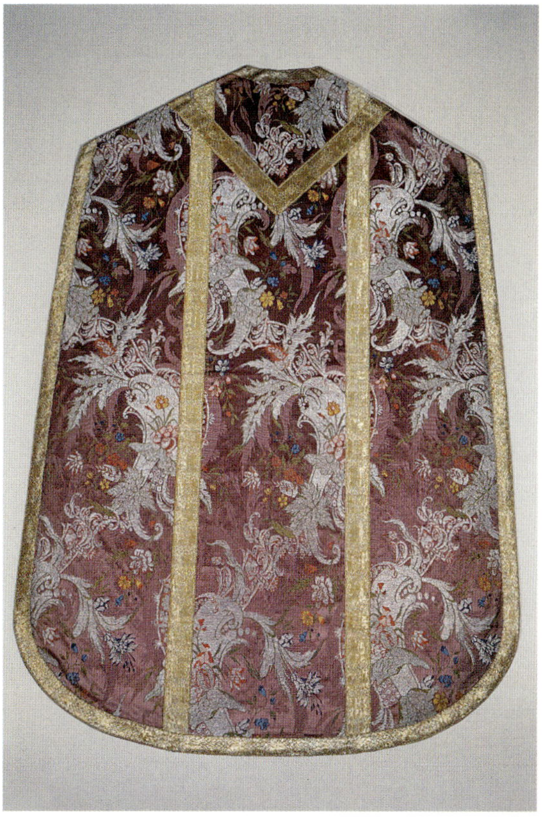

Pianeta viola
Vienna, prima metà del XVIII secolo.
Damasco di seta, lavorato con argento liscio e arricciato e con seta policroma,
Francia, 1710-20 circa. Passamani d'oro;
Altezza 111 cm, larghezza 77 cm
(n. inv. A 140)

La grande quantità di paramenti da messa è dovuta in gran parte ai ricchi doni dell'imperatore Carlo VI, di sua moglie Elisabetta Cristina, così come di loro figlia Maria Teresa. Spesso venivano rielaborati vestiti appartenenti al guardaroba imperiale.

Elenco dei sovrani del Sacro Romano Impero e dell'impero d'Austria, Spagna e Borgogna

Sacro Romano Impero

I sovrani della casata degli Asburgo/Asburgo-Lorena sono in carattere romano, quelli delle altre dinastie sono in *corsivo*. Le date tra parentesi si riferiscono all'inizio e alla fine del regno di ogni singolo sovrano, salvo diversa indicazione.

Re Rodolfo I di Asburgo (1273-91)
Re Adolfo di Nassau (1292-98)
Re Alberto I (1298-1308)
Imperatore Enrico VII di Lussemburgo (1308-13)
Federico il Bello (morto nel 1330)
Imperatore Ludovico IV, il Bavaro (1314-47)
Imperatore Carlo IV di Lussemburgo (1347-78)
Re Venceslao di Lussemburgo (1378-1400)
Re Ruperto del Palatinato (1400-10)
Re Jobst di Moravia (1410-11)
Imperatore Sigismondo di Lussemburgo (1411-37)
Re Alberto II (1438-39)
Imperatore Federico III (1440-93)
Imperatore Massimiliano I (1493-1519)
Imperatore Carlo V (1519-56)
Imperatore Ferdinando I (1556-64)
Imperatore Massimiliano II (1564-76)
Imperatore Rodolfo II (1576-1612)
Imperatore Mattia (1612-19)
Imperatore Ferdinando II (1619-37)
Imperatore Ferdinando III (1637-57)
Re Ferdinando IV (morto nel 1683)
Imperatore Leopoldo I (1658-1705)
Imperatore Giuseppe I (1705-11)
Imperatore Carlo VI (1711-40)
Imperatore Carlo VII di Baviera (1742-45)
Imperatore Francesco I di Lovena (1745-65) e
Imperatrice Maria Teresa
Imperatore Giuseppe II (1765-90)
Imperatore Leopoldo II (1790-92)
Imperatore Francesco II (1792-1806)

Impero d'Austria

Imperatore Francesco I (1804-35)
come Francesco II imperatore romano
Imperatore Ferdinando I (1835-48)
Imperatore Francesco Giuseppe I (1848-1916)
Imperatore Carlo I (1916-18)

L'antica discendenza spagnola della casata degli Asburgo

Imperatore Carlo V (1516-56)
come re di Spagna Carlo I
Re Filippo II (1556-98)
Re Filippo III (1598-1621)
Re Filippo IV (1621-65)
Re Carlo II (1665-1700)

Duchi di Borgogna

Duca Filippo l'Ardito di Borgogna (1363-1404)
Duca Giovanni Senza Paura di Borgogna (1404-19)
Duca Filippo il Buono di Borgogna (1419-67)
Duca Carlo il Temerario di Borgogna (1467-77)
Duchessa Maria di Borgogna (1477-82) e
Imperatore Massimiliano I